Richard Mayer
Europäische Landschildkröten

Richard Mayer

Europäische Landschildkröten

Leben – Haltung – Zucht

von
Testudo hermanni
Testudo graeca
Testudo marginata
Agrionemys horsfieldi

AVA-AGRAR VERLAG ALLGÄU · KEMPTEN

Zweite, überarbeitete Auflage
ISBN 3-924809-10-0

© Autor: Richard Mayer, 87452 Altusried
AVA-Agrar-Verlag-Allgäu, Porschestraße 2, 87437 Kempten/Allgäu
Druck: KKW-Druck, Porschestraße 2, 87437 Kempten/Allgäu

INHALTSVERZEICHNIS

SEITE

VORWORT

Tiere beobachten, hegen, füttern und auch jagen waren in der Vorzeit lebensnotwendige Tätigkeiten des Menschen. Doch heute können wir diese uns angeborenen Fähigkeiten nur noch selten realisieren. Deshalb suchen viele in der Freizeit die Begegnung mit dem Tier.

Die Haltung von anhänglichen, kuscheligen und intelligenten Säugetieren ist leicht verstehbar. Auch die Bewunderung für die Welt der Vögel und für das faszinierende Leben der Fische im Wasser ist allgemein. Die Zuneigung zu Reptilien beschränkt sich schon auf einen kleineren Teil von Liebhabern. Diese Tiere sind in ihrem Wesen von uns weit entfernt. Es fällt uns schwer sie zu verstehen. Auch das Kindchenschema, das sonst einen Pflegetrieb auslöst, ist nicht vorhanden. Mit Sicherheit vollziehen sich bei ihnen alle Triebe auf einer niederen Ebene.

Dagegen ist der Pflegeaufwand verhältnismäßig groß. Der Reptilienhalter hat nicht nur für das Futter zu sorgen, sondern muß mit Hilfe der Terrarientechnik die zusagende Umwelt schaffen.

Jedoch lösen Landschildkröten im Vergleich zu anderen Reptilien bei den meisten Menschen keine Abneigung aus. Ihre langsamen, bedächtigen Bewegungen erschrecken nicht. Der massige Körper in dem Panzer ist Ausdruck einer in sich ruhenden Geborgenheit. Hast und Hektik sind den Gepanzerten fremd. Das »Insichruhen« fasziniert; sie wirken nicht aggressiv und ängstlich, sondern verträglich und friedlich. Durch ihr langes Leben brauchen Schildkröten für viele Jahre einen verantwortungsvollen Halter, so daß oft eine enge Bindung entstehen kann.

Seit dreißig Jahren halte ich europäische Landschildkröten. Als rein europäische Art sind nur Testudo hermanni und Testudo marginata zu bezeichnen, denn sie besiedeln ausschließlich europäische Landschaften, während Testudo graeca und Agrionemys horsfieldi ihre Hauptverbreitungsgebiete in Asien und Nordafrika haben und von Natur aus nur Randzonen Europas bewohnen.

Eine wichtige Rolle spielt das Klima. Tiefgelegene Strom- und Flußtäler in Deutschland haben Durchnittstemperaturen, die um 3 bis 4 Grad höher liegen, weisen weniger Frosttage auf und bieten so klimatisch bessere Voraussetzungen für die Freilandhaltung. Ich wohne im Alpenvorland des Allgäus auf 740 m ü. d. M.. Das bedeutet, daß die Nächte auch im Sommer recht kühl sind. Trotzdem ist auch hier eine erfolgreiche Zucht möglich. So erzielte ich 1991 von acht Weibchen fünfzig Jungtiere.

Für eine erfolgreiche Haltung braucht man etwas Wissen, viel Zeit, Einfühlungsvermögen und vor allem das Verständnis und die Mithilfe der Familie.

In dem vorliegenden Buch habe ich versucht, das Leben der Panzerträger in der Natur zu beschreiben und meine Erfahrungen über Haltung und Zucht mitzuteilen.

Verwendete Abkürzungen: Testudo hermanni hermanni = T.h.h.
Testudo hermanni boettgeri = T.h.b.
Testudo graeca graeca = T.g.g.
Testudo graeca ibera = T.g.i.
Testudo marginata = T.m.
Agrionemys horsfieldi = A.h.
Nachzucht = NZ
Weibchen = w.
Männchen = m.

ABSTAMMUNG

Die Entwicklung der Schildkröten fand verhältnismäßig früh statt, nämlich noch am Anfang der Entwicklung der Klasse Reptilia. Ihre Vorfahren, die sog. Protestudinaten lebten in Sümpfen und waren mit Hautplatten und Schuppen bedeckt. Beim Übergang auf ein trockeneres Milieu entwickelte sich der feste Panzer (Trias vor 220.000.000 Jahren). Die Fähigkeit zum Einziehen des Kopfes bildete sich erst später aus.

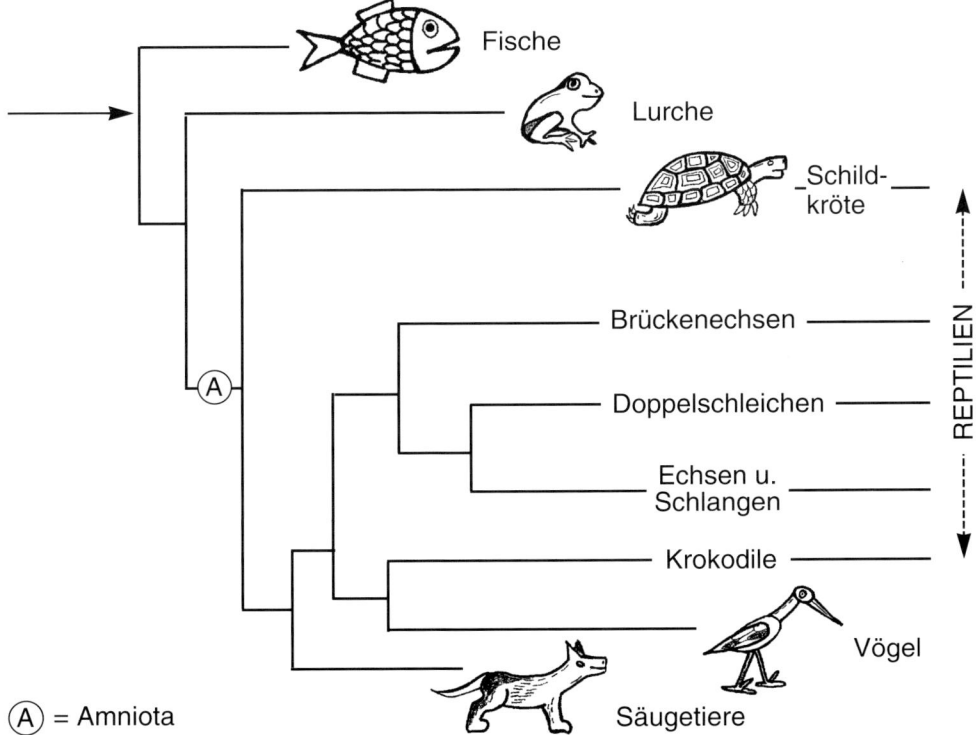

(A) = Amniota

Stammbaum der Wirbeltiere
Schon in einem frühen Stadium haben sich die Schildkröten von den übrigen Reptilien abgespalten. Als gemeinsames Merkmal verbindet sie vor allem der Bau der Eier. Durch eine feste Hülle, das Amnion, die den Keimling im Ei umgibt, sind sie im Unterschied zu den Fischen und Amphibien in ihrer Embryonalentwicklung vom Wasser unabhängig.

Die Vorfahren unserer Testudoarten entstanden im Eozän, also vor 55.000.000 Jahren. Damals waren die Durchschnittstemperaturen um einiges höher als heute, so daß ihr Verbreitungsgebiet weiter nach Norden reichte.

T.g.i. w., 400 g, türkische Westküste, Foto: Hamann

Als nördlichster Vertreter wurde Testudo comptoni in England gefunden. Ihre Verbreitung erstreckte sich aber auch durch die südliche GUS bis China. Testudo graeca – ähnliche Arten entwickelten sich im Pliozän zu beiden Seiten des Mittelmeeres.

Da oft nur wenige Fundstücke, und dieselben meist nur bruchstückhaft vorliegen, ist die Identifizierung der ausgestorbenen Arten nicht immer sicher und noch nicht abgeschlossen. Ihre Entdecker gaben ihnen folgende Namen, die Bezug auf Fundorte, Aussehen oder Personen nehmen:

> Testudo aralensis,
> Testudo bessarabica,
> Testudo hypercosta,
> Testudo oskar kuhni,
> Testudo promarginate,
> Testudo spherica,
> Testudo doduni und
> Testudo corroyi

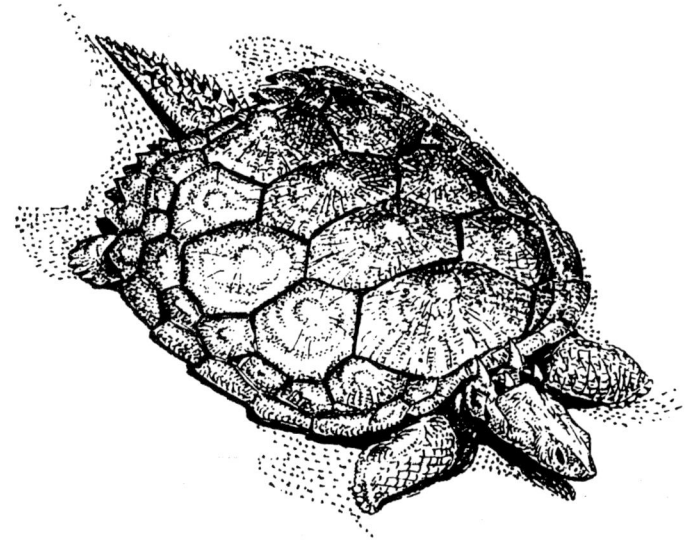

Triasschildkröte (Triassochelys dux.)
Das 200 Millionen Jahre alte Tier maß etwa 50 cm. Es besaß noch Zähne und kräftige Knochenfortsätze der Wirbelsäule im Nacken, die ein Einziehen des Kopfes verhinderten. Die Extremitäten waren zum Laufen und Graben gleichermaßen geeignet.

Als Vorläufer der Griechischen Landschildkröte gelten Testudo szalai und Testudo globosa, als Vorläufer der Maurischen Landschildkröte wird Testudo antiqua noviciensis angesehen, und der Breitrandschildkröte steht Testudo kalksburgensis nahe.

KÖRPERBAU

Die eigentlichen Landschildkröten gehören der Familie Testudinidae an. Sie zeichnen sich äußerlich durch folgende Merkmale aus.

1. Meist hochgewölbter, mit Hornschilder bedeckter Panzer
2. Charakteristisch abgeflachte Form der Vorderbeine mit 4–5 kräftigen Zehennägel, mit denen die Tiere beim Laufen aufsetzen.
3. Kräftige Schuppen an den Vorderbeinen zum Schutz vor Feinden
4. Elefantenfußähnliche Hinterbeine mit 4 Krallen

Unter dem Hornpanzer befinden sich Knochenplatten, deren Größe, Form und Anzahl nicht mit den äußerlich erkennbaren Hornschildern übereinstimmen. Die Nähte der Knochenplatten greifen zickzackmäßig ineinander, so daß eine hohe Festigkeit gewährleistet ist; in ähnlicher Weise sind ja auch die menschlichen Schädelknochen zusammengefügt.

Durch den starren Panzer wird die Atmung beeinträchtigt. Eine Saugatmung durch Erweiterung und Verengung des Brustkorbes ist nicht möglich. Deshalb bewirken Schildkröten durch Ruderbewegungen der Vorderarme eine Volumenveränderung der Lungen. Beim Vorstrecken füllen sich die Lungen, beim Anziehen werden sie ausgepreßt. Ruhende oder schlafende

5 Monate alte NZ.

Schildkröten atmen mit Hilfe des Zungenbeins. An der sich bewegenden Kehlhaut ist dieser Vorgang leicht zu beobachten.

Die Familie Testudinidae gliedert sich in 15 Gattungen.

Drei unserer europäischen Landschildkröten gehören der Gattung Testudo an, nämlich Testudo hermanni, Testudo graeca und Testudo marginata. Sie ähneln sich vor allem in ihrem jugendlichen Erscheinungsbild mit ihrem oval gewölbten Rückenpanzer, der ähnlichen Beschilderung und Beschuppung, den braunen, gelblichen und schwarzen Farbtönen und dem zum Teil leicht beweglichen Hinterlappen des Bauchpanzers bei adulten Tieren.

Lediglich Testudo hermanni Männchen besitzen diese Beweglichkeit nicht.

Hiervon unterscheidet sich die Vierzehenschildkröte als monotypische Art der Gattung Agrionemys deutlich.

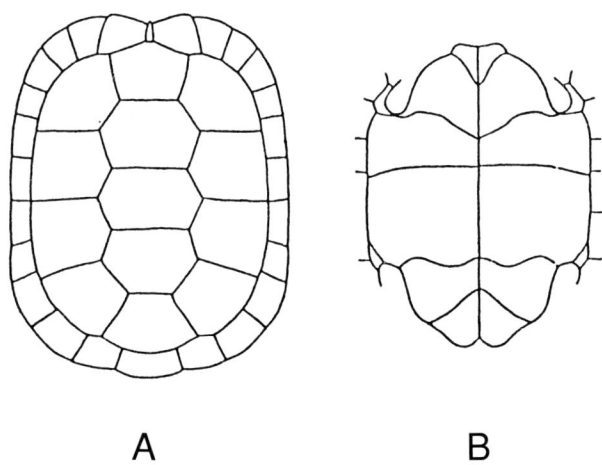

A   B

Schilde des Panzers

A: Carapax: 5 Wirbelschilde und 8 Rippenschilde, die von den Randschilden (Marginalien) umgeben sind.
B: Plastron: Kehlschilde, Armschilde, Brustschilde, Bauchschilde, Schenkelschilde, Afterschilde.

T.h.h. Männchen und Weibchen, bei der Westrasse sind die Schenkelschilde größer als die Brustschilde.

ERKENNUNGSMERKMALE

I. Testudo hermanni hermanni GMELIN 1789:
Westrasse der Griechischen Landschildkröte

1. Horniger Schwanznagel
2. Kleine Schuppen am Vorderarm
3. Kleine Schilder auf der Oberseite des Kopfes
4. Schwanzschild immer geteilt
5. Gelber Fleck hinter den Augen
6. Hochgewölbter Panzer mit kontrastreicher Färbung
7. Zwei breite schwarze Bänder auf dem Bauchpanzer
8. Die Mittelnaht der Schenkelschilde ist länger als die der Brustschilde.

Vorkommen: Südfrankreich
               NO-Spanien
               Italien
               Sardinien
               Korsika
               Balearen

II. Testudo hermanni boettgeri MOJSISOVICS 1889:
Ostrasse der Griechischen Landschildkröte

Sie unterscheidet sich in folgenden Punkten von der Nominatrasse.
1. Kein gelber Fleck hinter den Augen
2. Oft ist der Panzer etwas flacher gewölbt und nicht so intensiv gefärbt
3. Die schwarzen Bänder auf dem Plastron sind schmäler und
   manchmal sogar zu einzelnen Flecken aufgelöst
4. Bei der Ostrasse ist die Mittelnaht der Brustschilde länger als die
   der Schenkelschilde
5. Sie wird bedeutend größer als die Westrasse.

Vorkommen: Griechenland
               Bulgarien
               Rumänien
               Albanien
               ehemaliges Jugoslawien

Griech. Landschildkröte, kennzeichnend sind die kleinen Schuppen an Kopf und Armen.

2. T.h.b. w., bei der Ostrasse ist die Mittelnaht der Brustschilde länger als die der Schenkel-schilde.

III. Testudo graeca graeca LINNAEUS 1758:
Maurische Landschildkröte

1. Schwanznagel fehlt
2. Auf jedem Oberschenkel ein Hornkegel
3. Hinterlappen bei beiden Geschlechtern beweglich
4. Schwanzschild ungeteilt
5. Kehlschild springt etwas vor
6. Große Schuppen am Vorderarm
7. Große symmetrische Schilder auf der Oberseite des Kopfes

Die Nominatrasse besitzt einen hochgewölbten, länglichen Rückenpanzer mit kontrastreicher Zeichnung, deutliche schwarze Areolen auf Wirbel- und Rippenschildern. Die schwarzen Flecken auf dem Plastron sind klar abgesetzt. Schuppen auf Kopf und Gliedmaßen teils gelb, teils schwarz, Größe: 20–25 cm

Vorkommen: Lybien
                Tunesien
                Algerien
                Marokko
                südl. Spanien

T.g.g.w. Tunesien

Die Aufspaltung der Maurischen Landschildkröte in Unterarten ist für Laien und Fachleute problematisch und verwirrend, da diese Art bei ihrem weiten Verbreitungsgebiet eine große Bandbreite in Form und Färbung hat. Sicher zu Recht wird Testudo graeca ibera herausgestellt, die sich deutlich von der Nominatrasse abhebt.

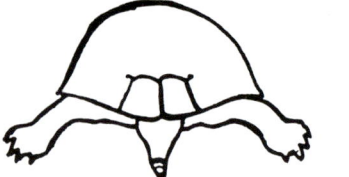 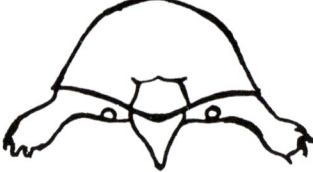

Unterscheidungsmerkmale von Testudo hermanni und Testudo graeca.

Griechische Landschildkröte mit geteiltem Schwanzschild und hornigem Schwanznagel
Maurische Landschildkröte mit ungeteiltem Schwanzschild und Höckerschuppen auf den Schenkeln.

T.g.g.w. Südspanien. Foto: Hufschmidt

IV. Testudo graeca ibera PALLAS 1814

Sehr groß werdende Rasse (bis 35 cm), nicht so hochgewölbt, deshalb sind die Wirbelschilder manchmal größer als die Rippenschilder, bei adulten Tieren ist der Panzer hinten deutlich aufgebogen; Kopf, Hals und Gliedmaßen bei Alttieren meist dunkel, Jungtiere haben eine hell ovalbraune Grundfärbung, besonders am Plastron nur eine verwaschene Zeichnung.

Vorkommen: Rumänien
　　　　　　　Bulgarien
　　　　　　　Mazedonien
　　　　　　　Türkei
　　　　　　　Irak
　　　　　　　W.-Iran
　　　　　　　Kaukasusländer

Portrait von T.g.i. Foto: Reinhard

Testudo graeca terrestris

Das gezeigte Tier stammt aus der Gegend von Antalya, Südtürkei, dem ehemaligen Antiochia. Es ist weiblichen Geschlechts und hat ein Carapax-Stockmaß von 26 cm. Es ist das größte Tier dieser Unterart, daß ich jemals sah.

Typisch ist die sehr helle Grundfärbung und die gelbe, nach vorne offene V-Zeichnung auf dem Kopf. Weniger typisch ist der relativ flache Rückenpanzer. Trotzdem handelt es sich unzweifelhaft um *Testudo graeca terrestris*.

Foto und Text von M. Schweiger

V. Testudo graeca terrestris TORSKAL 1775

Verhältnismäßig kleinere Rasse mit auffallender Gelbfärbung, Panzer lang gestreckt und hochgewölbt. Auf dem Carapax beschränkt sich die dunkle Zeichnung auf die Grenzen zwischen den Schildern und der Mitte der Areolen. Auf dem Plastron sind isolierte Flecken vor allem auf der hinteren Hälfte. Auch die Beine sind gelb mit gelben Krallen.

Vorkommen: Syrien
                Libanon
                Israel
                Jordanien
                Ägypten
                Südtürkei

VI. Testudo graeca zarudnyi NIKOLSKIJ 1896

Von ihr gibt es kaum Berichte. Auch ihre Grundfärbung soll braun-oliv mit völllig verschwommenen Flecken sein. Der langgestreckte und flache Rückenpanzer ist vorne und hinten gesägt und aufgebogen und erinnert an Testudo marginata.

Vorkommen: Ostpersien

VII. Testudo graeca anamurensis WEISSINGER 1987

Von Testudo ibera unterscheidet sie sich durch ihren noch flacheren und schmäleren Rückenpanzer. Auf dem Carapax sieht man eine völlig zerrissene, deutliche Fleckenzeichnung, Plastron mit scharf begrenzten, schwarzen und braunen Flecken; Kehle und Kinn sind häufig weiß-gelb gefärbt.

Vorkommen: Süd-West-Küste der Türkei
                vom Bey-Gebirge bei Antalya bis nach Mersin.

Testudo graeca zarudnyi
Das abgebildete Tier stammt aus der Gegend von Ani, Nordosttürkei. Dieser Ort liegt nahe der ehemaligen sowjetischen, als auch der iranischen Grenze. Vom eigentlichen Vorkommensgebiet der Test. gr. zarudnyi liegt er jedoch 400 km entfernt. Trotzdem zeigt das Tier alle für diese Unterart charakteristischen Erscheinungen. Obst stellte meine Tiere anläßlich eines Besuches im Frühjahr ebenfalls zu T.g.zarudnyi.
Die hinteren Randschilder sind wie bei Testudo marginata stark nach außen gewölbt. Typisch ist ebenfalls die dunkle Grundfärbung mit den kleinen, hellen, verwaschenen Flecken.
Das Tier ist ein Männchen und auf Grund der fast glatten Carapaxschilde als sehr alt zu bezeichnen. Die Carapaxlänge beträgt 34 cm.
Foto und Text von M. Schweiger

Graeca-Männchen, vermutlich T.g. anamurensis, Foto: Hamann

T.m. m., in seinem Biotop, einer Bergwiese, Nähe Olbia, unerschrocken blickt der Gepanzerte.

A.h. Jungtier, 6 Monate alt.

VIII. Testudo marginata SCHOEPF 1792:
Breitrandschildkröte

Sie ist die größte europäische Landschildkröte und erreicht Gewichte um 5 kg und Größen um 35 cm. Der Rückenpanzer ist langgestreckt und besitzt eine deutliche Taille in der Körpermitte. Der Hinterrand ist gesägt und glockenförmig aufgebogen. Der Carapax von adulten Tieren ist fast völlig schwarz mit gelb-orangen Areolen. Auf dem Bauchpanzer fallen paarige schwarze Dreiecksflecken auf, deren Spitzen nach hinten gerichtet sind. Die Vorderseiten der Arme sind mit großen Schuppen bedeckt.

Vorkommen: Südliches Griechenland
Sardinien

IX. Agrionemys horsfieldi GRAY 1844:
Vierzehenschildkröte

Der ovale bis kreisrunde Rückenpanzer ist in der Mitte deutlich abgeflacht. Die Färbung ist gelblich oliv mit verwaschenen, schwarzen Flecken. Weichteile gelb, ungeteiltes Schwanzschild, Hornagel am Schwanz, mehrere Höckerschuppen auf den Schenkeln, 4 große Zehennägel an den besonders kräftigen Vorderarmen, Größe bis 20 cm.

Vorkommen: Östlich des Kaspischen Meeres: Kasachstan
Kasachstan
Turkestan
Iran
Afghanistan
nördl. Pakistan

Nach ihrem Hauptverbreitungsgebiet ist die Vierzehenschildkröte natürlich eine asiatische Art. Es gibt jedoch ein Vorkommen südlich von Kuibyschew (52. n. Breitengrad) an der Wolga, das noch zu Europa gerechnet wird, wenn man als Grenzlinie die Verbindung Kaspisches Meer zum Ural definiert. Damit ist sie auch die am nördlichsten vorkommende Testudine.

A.h. m. und A.h. w.

GESCHLECHTSUNTERSCHIEDE

Bei adulten Testudo hermanni und Testudo graeca läßt sich das Geschlecht am Bauchpanzer (Plastron) feststellen, bei Männchen ist der Bauchpanzer nach innen gewölbt, während er bei Weibchen plan ist.

Hingegen ist bei Testudo marginata bei beiden Geschlechtern der Plastron nach innen konkav, jedoch bei Männchen stärker, während bei Agrionemys horsfieldi bei Männchen wie Weibchen dieser Panzerteil eben ist.

Für alle Männchen der 4 Arten gilt, daß die Schwanzwurzel kräftiger, der Schwanz länger und der längs zum Körper angeordnete Kloakenspalt weiter vom Rand des Plastrons entfernt ist. Im Schwanz befindet sich ein Penis, der bei der Kopulation ausgestülpt wird.

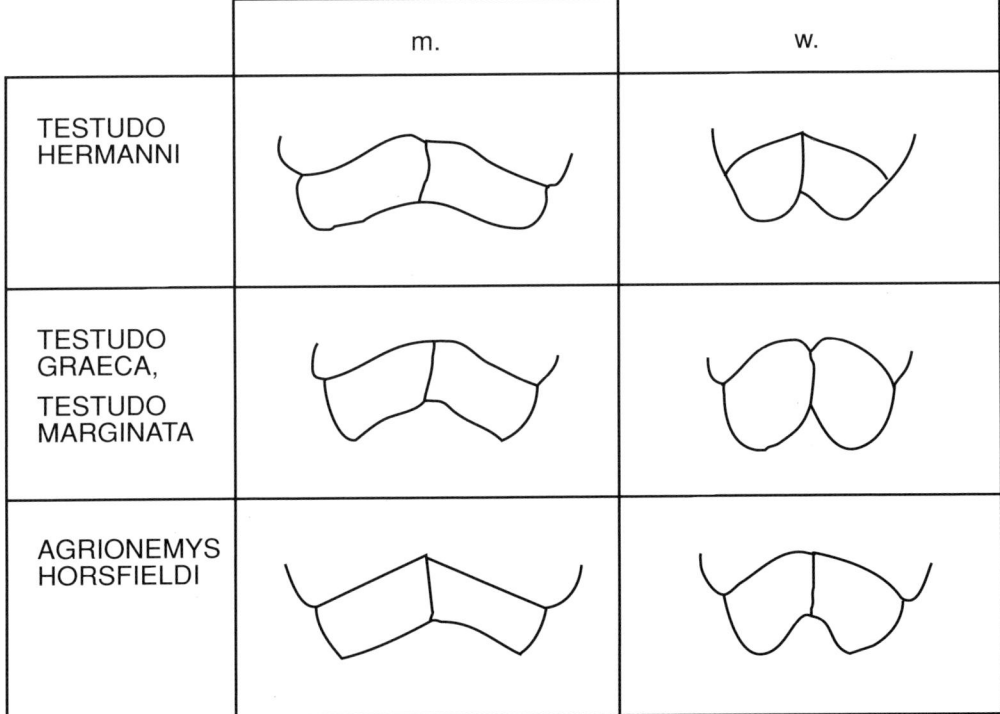

	m.	w.
TESTUDO HERMANNI		
TESTUDO GRAECA, TESTUDO MARGINATA		
AGRIONEMYS HORSFIELDI		

Schema der Afterschilde:
Da beim Weibchen der Vierzehenschildkröte der Bauchlappen nicht beweglich ist, sind ihre Eier besonders oval oder sogar fast walzenförmig. Zusätzlich ist der Freiraum zwischen den Afterschildern etwas größer als bei den Testudoweibchen.

Die Schwanzschilder des Plastrons bilden hinten ein offenes Dreieck. Ist dieser Ausschnitt breit und groß, handelt es sich um ein Männchen, ist er schmal und klein, liegt ein Weibchen vor. Die unterschiedliche Ausformung entspricht der verschiedenartigen Funktion. Bei Männchen steht die größere Bewegungsfreiheit des Schwanzes im Vordergrund, bei Weibchen hat die Schutzfunktion Vorrang.

Adulte Weibchen sind in der Regel bedeutend größer als gleichalte Männchen. Eine Ausnahme macht Testudo marginata. Hier stehen in Punkto Größe die Männchen den Weibchen nicht nach.

Freilandgehege des Verfassers.

PAARUNG

Unmittelbar nach dem Aufwachen aus dem Winterschlaf setzt der Paarungstrieb ein. Befinden sich mehrere Männchen im Gehege, so gibt es zuerst einmal Rivalitätskämpfe. Sie beißen und stoßen sich, bis sich ein Revierhalter durchgesetzt hat.

Mit großem Eifer verfolgen die sonst so gemächlichen Tiere die Weibchen, umkreisen sie, wollen sie zum Verharren bringen, beißen sie in die Gliedmaßen, rammen sie mit heftigen Stößen und versuchen aufzusitzen.

Bei der Kopulation kommt den Männchen der Gattung Testudo der konkav eingedallte Bauchpanzer zu statten. Während sie beim Aufreiten eine Schieflage einnehmen, muß die Vierzehenschildkröte infolge des planebenen Bauchpanzers fast senkrecht aufsitzen.

Letztere zeigt bei der Brautwerbung noch ein zusätzliches Verhalten. Es nähert sich dem auserkorenen Weibchen mit weit ausgestrecktem, auf- und abnickendem Kopf.

Bei der stoßweisen Kopulation, öffnet das Männchen das Maul, die rote, fleischige Zunge wird sichtbar und es stößt piepsende Schreie aus.

Die Hauptaktivität liegt dabei ganz offensichtlich bei den Männchen. Vor allem die Weibchen von Testudo hermanni und Agrionemys horsfieldi zeigen meist völlige Passivität, sie lassen die Prozedur nicht nur über sich ergehen, sondern versuchen auch ständig zu flüchten. Nur selten ist zu beoachten, daß sie innehalten, die Hinterbeine strecken, den Panzer hochheben und so die Kopulation erleichtern.

Hingegen konnte ich bei meinen Testudo graeca ibera Weibchen folgendes Verhalten beobachten:

Nach dem Aufsitzen durch das Männchen bleibt es stehen, wiegt aber seinen Vorderkörper hin und her, d. h. es macht im regelmäßigen Wechsel mit den Vorderbeinen einen Schritt nach links und einen nach rechts. Dabei entspricht der Rhythmus der Panzerbewegung dem Rhythmus, in dem das Männchen seinen Paarungsschrei von sich gibt.

Ähnlich ist das Verhalten bei Testudo marginata:

Nach dem Aufsitzen bleibt das Weibchen ruhig stehen und hält den Kopf seitlich und aufwärts, so daß es das weitgeöffnete Maul des Männchen sehen kann. Offensichtlich hat die rote Zunge eine Signalfunktion. Im selben Rhythmus wie das Männchen seine Piepstöne erzeugt, bewegt das Weibchen seinen Kopf nach links und nach rechts, dabei bleibt der Panzer unbewegt.

Zwar ist der Hörsinn der Schildkröte nur schwach ausgeprägt, aber durch den intensiven Panzerkontakt können die Schreie als Schwingungen vom Weibchen auf jeden Fall wahrgenommen werden.

Durch das Schiefhalten des Kopfes kann das Weibchen die Zunge des Männchens sehen.

Heim beobachtete folgendes Verhalten: »Nach einer Paarung zwischen T.m.m. und T.m.w. stieg unmittelbar darauf das Weibchen auf ein anderes Weibchen auf und versuchte seine vom Samen noch feuchte Schwanzwurzel unter die Kloake des anderen Weibchens zu schieben. Das wäre ein Fall von Samenübertragung.«

In meinem Gehege halte ich die 4 Arten zusammen. Meistens paaren sich auch nur die Angehörigen einer Art. Offensichtlich erkennen sie sich mit dem Geruchssinn. Kreuzungen wurden bislang zwischen Testudo graeca und Testudo marginata »erzielt«, was nicht verwundert, da beide Arten sich verwandtschaftlich nahe stehen.

Erstaunlicher ist das Kreuzungsprodukt einer Griechischen Landschildkröte mit der Vierzehenschildkröte bei Kirsche, denn hier liegt sogar ein Gattungsbastard vor.

Hält man zwei Männchen allein in einem Gehege, so übernimmt das dominierende Tier die Männchenrolle, während das 2. Männchen die erfolglosen Kopulationsversuche über sich ergehen läßt.

Interessant ist, daß die Testudo marginata Männchen in dieser Lage ein ähnliches Verhalten zeigen wie Weibchen, indem sie den Kopf hin- und herbewegen.

Auch bei der Alleinhaltung von zwei Weibchen übernimmt das Alphatier die Männchenrolle, während das Nachrangige sich passiv verhält.

Weibchen, die von Männchen getrennt werden, setzen oft weiterhin Gelege ab, jedoch mit abnehmender Befruchtungsrate .

Erstgelege von jungen Weibchen sind nach meinen Erfahrungen meist unbefruchtet.

Ursache der Verletzung waren Rammstöße von Männchen.

Aufsitzen eines trächtigen Weibchens am Tag vor der Eiablage.

EIABLAGE

Unbemerkt abgelegte Eier sind für die Zucht verloren. Die Weibchen tarnen nach der Eiablage die Stelle so geschickt, daß auch das suchende Auge den Ort nicht mehr bestimmen kann und die in der Erde verbleibenden Eier können sich in unseren Breiten in der Regel nicht entwickeln. Es gibt nur einen Bericht über den Fund frisch geschlüpfter Testudo hermanni Tiere in den Isarauen bei München mit der Vermutung auf natürliches Ausbrüten durch die Sonne in einem Idealsommer.

1 bis 2 Wochen vor dem Termin reduzieren trächtige Weibchen die Nahrungsaufnahme entweder ganz oder doch in überwiegendem Maß, da die sich bildenden Eier leicht 10 Prozent des Körpergewichtes ausmachen und so die Verdauung erschweren. Eine große Unruhe befällt die Tiere. Unablässig wandern sie im Gehege umher, riechen und schnüffeln mit tiefgehaltenem Kopf den Boden ab, und nehmen auch Kostproben von Erde ins Maul. Offensichtlich sind sie auf der Suche nach dem richtigen Eiablageplatz.

1 bis 2 Tage vor der Zeit steigen sie auf andere Tiere auf, ganz in der Art von paarungsbereiten Männchen und stoßen die arttypischen, piepsenden Laute aus.

In dieser Situation zeigen die Weibchen aggressives, dominantes Verhalten und artikulieren es in gleicher Weise wie die Männchen. Der Zweck ist offensichtlich, sich Respekt zu verschaffen, andere Tiere aus dem Bereich zu vertreiben, um so ungestört die Eiablage vollziehen zu können.

Folgende Kriterien soll der Eiablageplatz erfüllen:

Das Erdreich soll sauber, nicht zu fest, aber auch nicht zu locker sein. Dabei wird ein der Sonne zugeneigter Hang bevorzugt. Es empfiehlt sich deshalb im Gehege einen Eiablagehügel, bestehend aus einem Gemisch aus Sand und Torf, zu errichten.

Hat das Weibchen den richtigen Platz gefunden, verharrt es still und stemmt die beiden Vorderfüße fest in die Erde ein. Es beginnt nun mit den Hinterbeinen eine Grube auszuheben. Die Füße arbeiten dabei im Wechsel zwischen links und rechts, anfangs mehr scharrend, später wenn die Grube immer tiefer wird, richtig grabend und schaufelnd, so daß sich bald links und rechts zwei Berge aus lockerem Erdreich bilden. Die Größe der Eihöhle wird bestimmt durch die Länge der Hinterbeine. Die Eigrube ist nicht nur ein einfaches Loch, sondern einen echte Aushöhlung, wobei das fest gewachsene Erdreich zum Teil als Decke erhalten bleibt. Ist das Erdreich hart, läßt die Schildkröte Wasser aus der Analblase ab, um es aufzuweichen.

Nach der Grabarbeit beginnt die Eiablage. Beim ersten Ei ist die Anstrengung noch besonders groß, bis es die Kloake verlassen hat. Gleich

T.h.b.w., bei der Eiablage.
Zu diesem Foto teilte mir Herr Heim folgende Information mit: »In meinem Freilandgehege konnte ich eierlegende Weibchen aus der sogenannten Froschperspektive beobachten und fotografieren. Aus einer solch niedrigen Ansicht erleben ja auch andere Schildkröten oder Kleintiere die Eiablage.
In dem Moment, wenn das Ei ausgepreßt wird, nimmt der Schwanz die Form eines »Gesichtes« an. Die Schwanzspitze mit dem Hornnagel wird zu einer Nase und zwei dunkle Schuppen auf dem Schwanz werden Augen. Der Panzer hat nun scheinbar hinten einen Kopf mit einem kurzzeitig aufgerissenen Maul. Die Ansicht vermag durchaus etwaige Eiräuber zu vertreiben.«
Foto: Heim

anschließend wird es mit einem Hinterfuß ganz sachte an das vordere Ende der Höhle geschoben. Die weiteren Eier folgen in einem Abstand von 2–3 Minuten. Jedes Ei wird vorsichtig nach vorne bugsiert.

Nach dem letzten Ei beginnt sie unverzüglich mit dem Zuschaufeln, wiederum mit den Hinterbeinen in alternierender Weise.

Zwischendurch drückt sie mit den Füßen die eingebrachte, lockere Erde fest an und verdichtet sie. So erhält sie die natürliche Festigkeit wieder.

Am Schluß der Grabarbeiten löst das Tier endlich die eingestemmten Vorderbeine aus ihrer bisherigen Haltung, dreht sich einige Male auf der Stelle, verwischt mit dem Bauchpanzer die letzten Schürfspuren und entfernt sich langsam mit noch torkelndem Gang.

Am anderen Tag verhält sich das Tier wieder in gewohnter Weise und stürzt sich nach dem langen Fasten mit besonderem Heißhunger auf sein Fressen.

Eine große und gesunde Schildkröte setzt in der Regel 3–4 Wochen nach dem ersten Gelege ein zweites ab. Ganz selten gibt es sogar eine dritte Eiablage.

Beim Ausheben der Eigrube bilden sich links und rechts zwei kleine Hügel.

Jedes Ei wird mit dem Fuß sachte in den vorderen Bereich der Höhle bugsiert.

Nach der Eiablage wurde das Weibchen entfernt, es führt dann die Zuscharrbewegung unbeeindruckt vom Platzwechsel an anderer Stelle aus.

T.h.b. beim Verschließen der Eigrube.

Ist man zu einer längeren Abwesenheit gezwungen, so kann man sich bei hochträchtigen Weibchen zu einer künstlich indizierten Eiablage entschließen. Nach einer Erwärmung auf die Vorzugstemperatur injiziert man 3 - 10 I.E. (internationale Einheiten) Oxytozin pro Kilogramm Körpermasse intramuskulär (Oberschenkel der Hinterbeine).
Nach etwa 15 bis 90 Minuten werden die Eier mit Pausen von 1 bis 3 Minuten ausgepreßt.

Interessant ist, daß die hormongesteuerten Verhaltensweisen (wie Unruhe, Aggression und Nistplatzsuche) nicht erloschen sind. Einige Tage später kommt es zum Anlegen einer Grube, die wieder ordnungsgemäß verschlossen wird. Nur die Eiablage findet nicht statt. Erst dann setzt das normale Verhalten wieder ein.

Testudo hermanni bei der Eiablage. Größe und Form der Eigrube werden durch die Länge der Hinterbeine bestimmt.

Die äußere Gestalt der Eier kann recht unterschiedlich sein. Bei Testudo hermanni sind sie meist oval, bei Testudo graeca oval bis rund, bei Testudo marginata meist kugelförmig und bei Agrionemys horsfieldii oval bis walzenförmig.
Die Zahl der Eier schwankt bei meinen Schildkröten zwischen 2 und 10 und hängt von der Größe des Muttertieres ab.

Ein Sprung im Ei kündigt den Schlupf an.

Eine Schildkröte erblickt das Licht der Welt.

INKUBATION

In den Heimatländern unserer Schildkröten übernimmt die von der Sonne erwärmte Erde das Ausbrüten der Eier. Die Brutzeit unter natürlichen Bedingungen beträgt etwa 100 Tage. Das ist verhältnismäßig kurz. Bei vielen tropischen Landschildkröten dauert sie bis zu 200 Tagen. Die relativ kurze Zeit ist eine Anpassung an das subtropische Mittelmeerklima mit den nicht unbegrenzt langen Sommern.

Devaux hat die Temperaturen in Gelegen (8 cm Tiefe) gemessen. Während drei Monaten stellte er als tiefste Temperatur 18 Grad Celsius und als höchste 42 Grad Celsius fest. Im Durchschnitt pendelten die Temperaturen ziemlich exakt um die 30 Grad Marke. Am frühen Nachmittag oft um 10 Grad darüber, in den frühen Morgenstunden oft 10 Grad tiefer.

Beim künstlichen Ausbrüten ist die Brutzeit aber noch kürzer. Bei 30 Grad Celsius konstant schlüpfen die Tiere (T.h.) schon nach 60 Tagen. Die zu niedrigen Temperaturen in der Nacht bedeuten also eine Verlangsamung, die tagsüber zu hohen nicht unbedingt eine Beschleunigung.

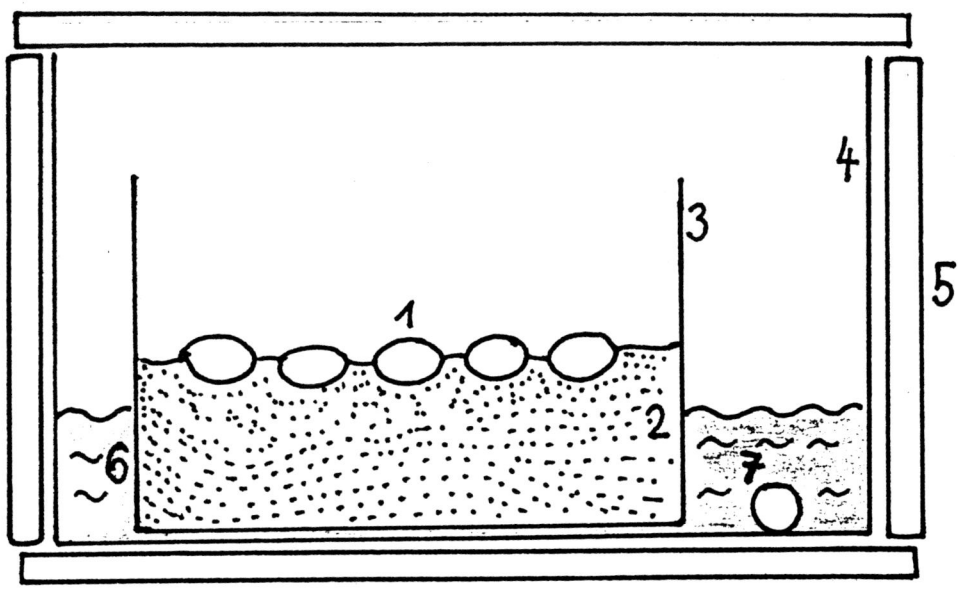

Inkubator

1 Ei
2 Sand
3 Aquarium klein
4 Aquarium groß

5 Styropor
6 Wasser
7 Aquariumheizer mit Thermostat

Unmittelbar nach dem Ablegen im Gehege gräbt der Schildkrötenhalter vorsichtig die Eier aus und markiert die obere Seite jedes Eies mit einem Bleistift. Nun kommen die gesäuberten Eier in den vorbereiteten Inkubator. Hierfür eignen sich recht gut Brutapparate für Reptilien, die im Handel erhältlich sind. Man kann aber auch mit einfachen Mitteln den Inkubator selbst herstellen. Notwendig sind zwei verschieden große Aquarien und ein Heizer mit Thermostat.

Das erwärmte Wasser sorgt für die entsprechende Lufttemperatur und die hohe Luftfeuchtigkeit. Die Eier sind halb im Sand eingegraben. Damit der Wärmeverlust gering bleibt, wird mit Styropor isoliert. Auch der Deckel besteht aus einer kräftigen Styroporplatte, die übermäßige Kondenswasserbildung verhindert. Ständiges Fallen von Wassertropfen auf die Eier ist schädlich. Diese Gefahr läßt sich ganz verhüten, wenn der Deckel geneigt ist.

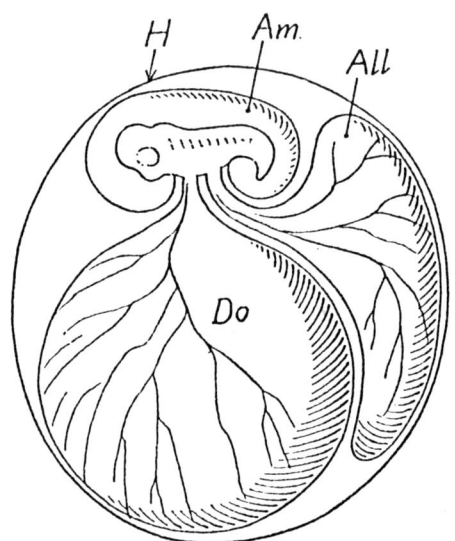

H = Hüllschicht
Am = Amnion
All = Allantois
Do = Dottersack

Entwicklung des Eis im Frühstadium:
Aus dem befruchteten Keim bildet sich das Amnion mit dem Embryo, von dem Blutgefäße über eine Nabelschnur zum Dottersack führen. Zusätzlich entsteht als Ausstülpung des embryonalen Enddarmes das Allantois (Harnsack). Auch dieses Gebilde ist reich mit Blutgefäßen durchsetzt. Es nimmt die giftigen Stoffwechselprodukte auf und lagert sie als unlösliche Harnsäure ab. Zusätzlich dient es auch dem Gasaustausch an der porösen Eischale. Zum Ende der Entwicklung wird das Allantois wieder abgebaut, da dann Leber und Niere des Fötus seine Aufgabe übernehmen.
A. Portmann; »Kleine Einführung in die Vogelkunde«, München, Piper, 1966

(Nur in Ausnahmefällen, wie bei meiner Zwillingsgeburt, kann ein kleines, schwammartiges rötliches, placentaähnliches Gebilde als Überbleibsel des Allantois noch vorhanden sein. Siehe S. 46!)

Gute Erfahrungen machte ich mit der Kunstglucke von H. Jäger (Brutapparatebau, 63607 Wächtersbach, Wirtheimer Str. 20, Telefon (0 60 53) 16 32

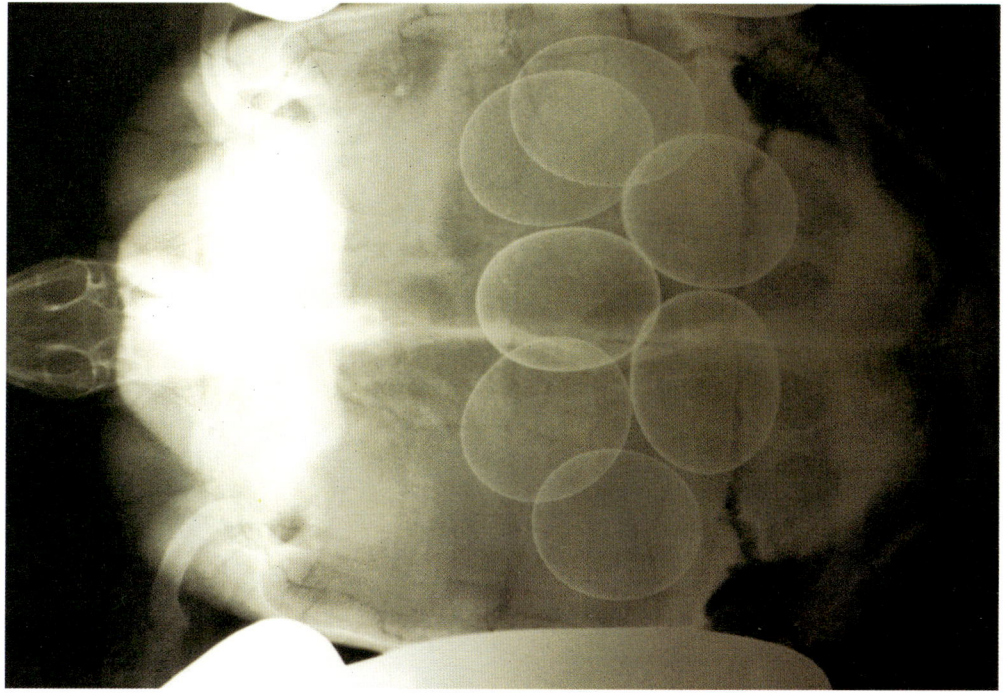

Röntgenaufnahme eines trächtigen T.h.h. Weibchens. Foto: Hufschmidt

Beim Reptilienei sind Dotter und Eiklar vermischt, da sie im Gegensatz zum Vogelei keine Membrane voneinander trennt. Einige Stunden nach der Eiablage setzen sich die schwereren Dotterbestandteile auf der Unterseite ab. Auf ihnen schwimmt die vom Eiklar umgebene Keimscheibe. Deshalb dürfen Reptilieneier von diesem Zeitpunkt an nicht mehr gedreht werden.

Ob Eier sich regulär entwickeln, läßt sich auch mit dem freien Auge feststellen. Frischgelegte Eier haben eine weißlich-cremefarbene oder graurötliche Eischale. Bei vielen bildet sich bald ein auffällig weißer Fleck am obersten Punkt des Eies. Dieser Fleck vergrößert sich, umgibt das Ei bald wie eine Bauchbinde und erreicht schließlich auch die Pole. Das ganze Ei ist nun blendend weiß. Hingegen verändert sich bei tauben Eiern die Farbe zunehmend ins Gräuliche.

Noch mehr Information erhält man beim Durchleuchten. Hierzu hält man das Ei von Daumen und Zeigefinger umgeben vor eine Glühbirne. Anfangs sieht man die gelbe Dottermasse am Grunde, eine Woche später das rote Adergeflecht mit der dunkleren Keimscheibe; diese entwickelt sich zum Embryo, vergrößert sich zusehends und pigmentiert sich, so daß nach vier Wochen bereits die Lichtstrahlen kaum noch das Ei durchdringen können. Taube Eier schimmern ingegen beim Durchleuchten weiß oder gelblich bis orange mit später oft flockigem Inhalt.

Offenes Ei von T.g.g. nach 3 Monaten vergeblicher Inkubation, Foto: Christman.

Langsam arbeitet sich die NZ (T.h.b.) aus dem Ei.

Das Jungtier füllte das Ei fast völlig aus.

Blick in den Inkubator.

Mit folgenden Vorrichtungen läßt sich das Durchleuchten erleichtern:
Am Boden einer Pappschachtel oder einer Blechdose wird eine Lichtquelle montiert, während oben eine knapp eigroße Öffnung ausgeschnitten wird. Darauf wird das Ei gelegt, das dann von der Glühbirne durchstrahlt wird.

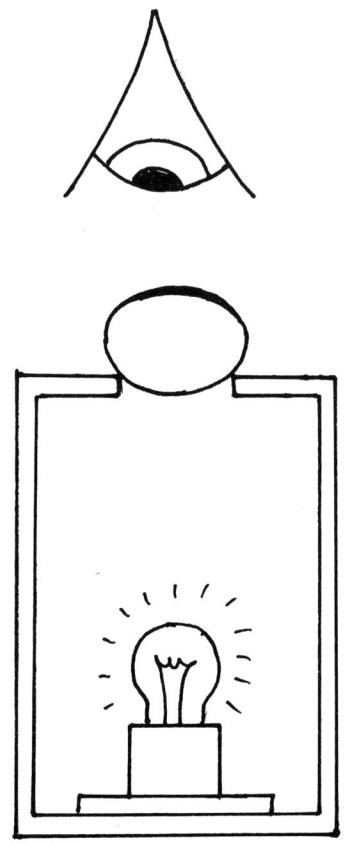

Vorrichtung zum Durchleuchten der Eier

Bei Säugern ist das Geschlecht genetisch bestimmt. x und y Chromosomen veranlassen die Ausbildung der jeweiligen Geschlechtsorgane. Bei unseren Landschildkröten ist die Natur einen anderen Weg gegangen. Das zukünftige Geschlecht hängt von der Bruttemperatur im ersten Drittel der Inkubation ab. Bei Temperaturen über 29 Grad Celsius schlüpfen mehr weibliche, darunter mehr männliche Tiere.

Nach etwa 60 Tagen Brutzeit ist das Hermanni-Jungtier im Ei fertig entwickelt (Graeca, marginata und horsfieldi brauchen 10 Tage mehr) und beginnt zu schlüpfen. Zu diesem Zweck hat sich auf dem Oberkiefer ein kantiger Höcker, der sog. Eizahn, gebildet. Sein Material besitzt eine höhere Härte als die Kalkschale. Mit diesem Werkzeug schneidet das Jungtier die recht feste Eischale auf, ritzt die Schale an und drückt Bruchstücke der Schale mit dem Kopf nach außen.

Nun verharrt es eine Weile und geht dann weiter ans Werk. Es stemmt einen Vorderfuß in die Öffnung und dreht sich langsam um 90 Grad, dabei bearbeitet es weiterhin die Schale mit dem Eizahn. Bald sprengt es die obere Hälfte der Schale ab und verläßt das Ei. Der ganze Vorgang dauert 1 bis 3 Tage.

Erleichert wird der Schlupf durch kristalline Veränderungen in der Schale während der Inkubation. Einen Großteil ihres Kalziumbedarfes holen die Keimlinge aus der Eischale, so daß diese dann eine geringere Festigkeit aufweist.

Manche Eier werden überfällig. Trotz der abgelaufenen Inkubationszeit rührt sich äußerlich nichts.

Was dann tun?

T.h.h. NZ. Der Eizahn ist ein horniger Höcker auf dem Oberkiefer. Foto: Hufschmidt

Wenn sich die Schale äußerlich verfärbt und grünliche Punkte oder Flecken entstehen, ist es höchste Zeit, das Ei selbst zu öffnen. Das Tier ist vermutlich entwickelt, hat aber nicht die Kraft, das Ei selbst zu verlassen.

Wenn die Schale aber fleckenlos weiß bleibt, liegt vermutlich nur eine Entwicklungsverzögerung vor, und es ist vorteilhaft zu warten.

Wenn man sich zur Öffnung entschließt, soll man am Anfang nur »fenstern«. Das heißt, nur eine kleine Öffnung wird ausgebrochen. Zeigt sich, daß das Tier doch noch nicht ganz fertig ist, kann man das Ei zurück in den Inkubator legen. Meist entwicket sich das Tier dann ohne Beeinträchtigung weiter.

Insgesamt gilt aber:

Durch Ungeduld und vorzeitiges Öffnen sind schon mehr Tiere getötet als gerettet worden.

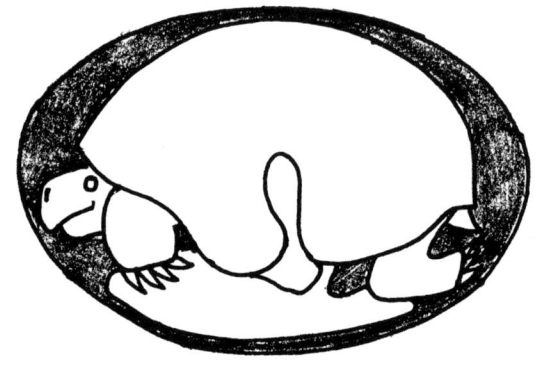

Nachzucht im Ei, kurz vor dem Schlupf

Selten gibt es Zwillingsgeburten. Aus einem 10 g Ei von Testudo hermanni hermanni schlüpften bei mir zwei Tiere, das eine wog 4,5 g, das andere nur 2,5 g.

Trotz ihrer Winzigkeit waren beide lebensfähig und entwickelten sich normal. Im Ei waren beide Tiere Bauchseite auf Bauchseite gelagert. Von jedem führte aus der Bauchspalte eine noch gut entwickelte Nabelschnur zu einem auch noch reichlich vorhandenen Dottersack. Das Gewicht der Geschwister aus dem gleichen Gelege (Eigewicht wiederum 10 g) betrug 7,5g.

Große Weibchen legen in der Regel größere Eier ab mit entsprechend schwereren »Babys«. Bei einem Eigewicht von 15 g wog der Schlüpfling 11g.

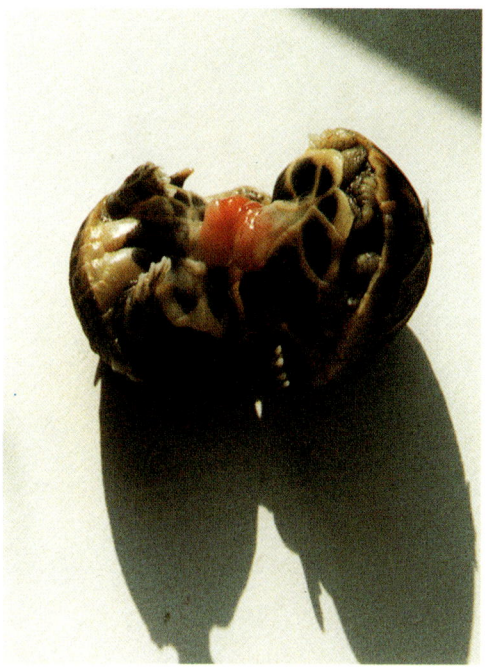

Aus einem 10 g Ei schlüpften Zwillinge mit 2,5 g und 4,5 g; Stockmaße 22 mm und 25 mm.

Beide Tiere waren gesund und munter, Streichholzlänge: 44 mm

NZ mit deutlich erkennbarem
Eizahn.

Kopf und Gliedmaßen sind
bei T.h.b. NZ bis auf einzelne
Schuppen tiefschwarz.

AUFZUCHT DER BABYSCHILDKRÖTE

Mit dem Verlassen des Eies hat die Babyschildkröte das Licht der Welt erblickt. Der Rückenpanzer ist noch recht kugelig und auch der Bauchpanzer besitzt oft noch eine Faltung und Auswölbung zugleich, die quer von Brücke zu Brücke verläuft. Möglich ist auch noch eine starke Asymmetrie. Das dauert aber nicht lange. Nach 2 bis 3 Tagen hat sich das Tier nach allen Seiten gestreckt. Es ist nun länger und breiter als das Ei ursprünglich war.

Am Bauch sieht man noch den Nabelfleck, der sich aber bald schließt. Ging der Schlupf sehr zügig voran, hängt eventuell noch ein erbsengroßer Dotterrest. In einem solchen Fall empfiehlt es sich, die Tiere in einem Becher mit 2 mm Wasser zurück in den Inkubator zu stellen, bis auch er aufgesogen ist.

Nagelneu und perfekt, ohne Kratzer, wie aus Plastik bieten sich die Tiere dem Betrachter dar. Noch ohne die Wachstumsringe stoßen die Schilder aneinander. Sie bleiben als Areolen erhalten und haben auf dem Carapax eine körnige Struktur, während die Bauchschilder von Anfang an glatt sind. Der Eizahn auf dem Oberkiefer bleibt noch einige Wochen sichtbar, bis er abfällt.

In diesem Stadium zeigen manche Babyschildkröten auf dem Rückenpanzer noch einen deutlich erkennbaren Kiel; besonders auffällig ist er bei Agrionemys horsfieldi. Bei ihr können sogar noch zwei zusätzliche Kiele links und rechts im Ansatz vorhanden sein. Bald jedoch verwachsen sich die Kiele völlig. Offensichtlich erinnern diese Merkmale an das Aussehen der Urahnen.

Über das Leben der Babyschildkröte in der freien Natur ist wenig bekannt. Ihre perfekte Tarnung und die Kleinheit schützt sie vor Entdeckung. Man darf aber annehmen, daß sie nicht in dem Maße Sonnentiere sind wie adulte Tiere.

Sie leben versteckt in der Macchia, zumeist eingegraben in dem Streu aus Blättern und Nadeln. In der Regel meiden sie die Strahlen der Sonne, denn bei der geringen Körpermasse besteht die Gefahr der Überhitzung. Neben Pflanzen nehmen sie im hohen Maße tierische Nahrung zu sich. Die Macchia ist die Heimat einer reichen Insektenwelt. Die toten Insekten bilden deshalb eine wichtige Nahrungsquelle.

Die ersten 7 Monate ihres Lebens müssen Nachzuchten unter Terrarienbedingungen aufgezogen werden.
Dabei gelten 3 Prinzipien:
Nicht zu trocken, nicht zu warm und proteinhaltige Nahrung!

Im folgenden meine Methode: Ich fülle einen Aquariumbehälter (Länge: 50 cm) mit einem Gemisch aus leicht feuchtem Rindenhumus und Quarz-

Erbsengroßer Dottersack am Plastron.

Der noch sichtbare Dotterrest wird nach 1–2 Tagen vollends eingesogen.

Starke Asymmetrie einer NZ.

sand, etwa 5 cm hoch. Als Wärmequelle dient eine Schreibtischlampe mit Reflektorbirne (60 Watt). Oben ist der Behälter zu 3/4 abgedeckt. Nach Einschaltung der Lampe am Morgen kriechen die Tiere aus dem Bodengrund, lassen sich erwärmen und beginnen zu fressen (Löwenzahn, Klee, Salat, . . usw.).

Mittags erhalten sie eingeweichte Wasserschildkrötenpellets. Ebenso gerne fressen sie Pellets für Kaltwasserzierfische; am Nachmittag wieder vegetarisch. Nachts wird die Lampe ausgeschaltet.

Täglich stelle ich für 15 Minuten den Behälter an die Sonne; zur wärmeren Jahreszeit auf die Terrasse, im Winter ans Fenster. Vorsicht vor Überhitzung!

Das weiße Licht belebt die Tiere enorm. Sie beginnen besonders gierig zu fressen und bewegen sich sehr lebhaft. Doch nach einer halben Stunde sind die Tiere sichtlich froh, wenn sie zurück unter das gemäßigte Lampenlicht kommen.

Alle 3 Tage werden die Nachzuchten in niedrigem Wasser gebadet.

Bei dieser Haltung wachsen die Tiere recht schnell. Der Panzer wölbt sich hoch und glatt. Es gibt keine Höckerung und rachitische Mißbildung.

Nach etwa 7 Monaten werden Gewichte zwischen 80 g und 150 g erreicht. Meistens ruhen die Tiere eingegraben im Bodengrund. Ihr Bewegungsdrang ist gering, so daß relativ viele Tiere gehalten werden können. Ständig herumwandernde Tiere weisen auf nicht artgemäße Haltung hin. Bevor das Substrat ganz austrocknet, soll es wieder erneuert werden, etwa alle 2 Wochen. Auch ein Winterschlaf von 1 bis 2 Monaten ist ratsam. Schon im 1. Sommer ist eine Freilandhaltung empfehlenswert.

Anmerkung: Rindenhumus ist nicht immer erhältlich. Gut bewährt hat sich der Ersatz durch staubfreie Hobelspäne (aus dem Zoogeschäft). Vor allem bei größeren Tieren ist dieses Material vorzuziehen, da es den Kot noch besser bindet.

Schildkrötenbiotop im NO Sardiniens.

NAHRUNG

Das wichtigste Nahrungsmittel für unsere Schildkröten ist Löwenzahn. Er gehört zur Pflanzengattung der Lattichgewächse (Lactuca). Der Gattungsname bezieht sich auf den in ihren Geweben reichlich vorhandenen Milchsaft. Auch andere Angehörige der Gattung werden von Schildkröten bevorzugt gefressen, also Kopfsalat mit all seinen Verwandten, wie Endivien, Eissalat, Chicoree und viele andere Varietäten.

Beliebt sind auch Pflanzen aus der Familie der Schmetterlingsblütler, also die vielen Arten an Klee, sowie Blätter und Schoten von Bohnen. Im Winter ist Feldsalat (Rapunzel) eine beliebte Nahrung.
Abwechslung ist ein wichtiges Prinzip.

Zusätzlich fressen sie gerne:
Kohlrabi- und Blumenkohlblätter,
Rettichblätter,
junge Brennessel,
Tomaten,
Gurken,
Pfirsiche,
Aprikosen,
Pflaumen,
und Früchte aller Art.

Gras wird normalerweise nicht gefressen. Sie sind vielmehr stets bemüht, versehentlich mit anderer Nahrung aufgenommene Grashalme wieder herauszubefördern. Diese werden durch mehrmaliges Öffnen und Schließen der Kiefer solang verlagert, bis es den Schildkröten gelingt, die Grasteile mit den Vorderbeinen herauszustreifen.

Eine Ausnahme macht Testudo marginata. Sie soll junges Gras mit Genuß weiden.

Eine rein vegetarische Ernährung ist jedoch für heranwachsende Tiere nicht ausreichend. Damit sie ordnungsgemäß und zügig ohne Mißbildungen heranwachsen, brauchen sie zusätzlich proteinhaltige Nahrung.

Dasselbe gilt für eierlegende Weibchen. Für die Eibildung brauchen sie Eiweiß, Kalk und andere Mineralien. Im Handel gibt es ein breites Angebot an Tierfutter. Für Landschildkröten eignen sich aber nur jene Sorten mit einem sehr niedrigen Fettgehalt, nicht höher als 5%. Es handelt sich meistens um Trockenfutter in Form von Peletts oder Flocken, das ich im Wasser eingeweicht anbiete.

Am besten eignet sich Tiernahrung, das der Handel für Zierfische, Goldfische und Karpfen anbietet. Diese Tiere sind ja auch Vegetarier und gehören zu den Wechselwarmen. Lediglich bei Nachzuchten füttere ich zusätzlich mit den proteinreichen Peletts für Wasserschildkröten.

Der abgegebene Kot zeigt an, ob die Ernährung stimmt, er darf weder schmierig noch wässrig sein.

Auch bei der Nahrung zeigt Agrionemys horsfieldi ihre Sonderstellung. Adulte Tiere sind bei mir alle rein vegetarisch.

Bei einer ausreichenden Ernährung mit Pflanzen brauchen Schildkröten kein Wasser. Trotzdem trinken sie recht gern mit langen Zügen, wenn man sie in eine Wanne mit flachem Wasserstand setzt. Nicht zu empfehlen ist ein Trinkgefäß im Gehege. Allzu gerne setzen sie sich hinein und koten ab. Eine solche Wasserstelle ist dann eine Brutstätte für viele Krankheitserreger.

Bei NZ von T.h.h. überwiegen bei Kopf und Gliedmaßen die Gelbtöne. Foto: Christmann.

2 T.h.h. aus dem Maurengebirge (Frankreich). Beim unteren Tier sind die Kopfschilder auffallend regelmäßig. Foto: Christmann

Das Auge einer Landschildkröte (T.g.i.) unterscheidet sich deutlich von dem einer Sumpf-schildkröte (Emys orbicularis).

SINNESORGANE UND INTELLIGENZ

Das leistungsfähigste Sinnesorgan ist das Auge. Schon auf 15 bis 20 Meter Entfernung reagieren Schildkröten auf Bewegung. Das Farbsehen ist vorhanden. Schon viele Schildkrötenhalter haben die Vorliebe der Tiere für »Rot« festgestellt. Eine rötliche Frucht wird stets bevorzugt angeknabbert.

Landschildkröten haben ein Auge, in dem das Schwarz dominiert. Das erinnert an das Auge von manchen pflanzenfressenden Säugern. Hingegen haben Wasserschildkröten meist ein recht farbiges Auge, in dem sich Pupille und Iris deutlich abheben, ähnlich wie manche Vogelaugen. Pflanzenfresser müssen unbewegte Formen identifizieren können, während Vögel und Raubtiere sich bewegende Objekte im Raum lokalisieren müssen. Beim Schließen des Schildkrötenauges bewegt sich eine Nickhaut von unten nach oben.

Gut entwickelt ist der Geruchssinn. Grundsätzlich wird jede Nahrung vorher berochen. Auch bei der Paarung spielt das Riechen eine wichtige Rolle.

Ein äußeres Ohr fehlt. Doch unter der Haut hinter dem Auge ist ein primitives Hörorgan vorhanden. Mit Sicherheit werden Schallquellen mit niedriger Frequenz gut erspürt.

Vieles, was eine Schildkröte können muß, braucht sie nicht erlernen, sondern ist ihr angeboren, ist also Instinkt.

Durch die Evolution (nach dem Prinzip von Mutation und Selektion) entwickelten und vererbten sich nicht nur körperliche Merkmale, sondern auch Verhaltensmuster. Am deutlichsten erkennt man dies bei der Fortpflanzung.

Es gibt aber doch einige Dinge, die eine Schildkröte im Laufe ihres Lebens zu lernen hat. Schildkröten haben zwar kein festes Revier, doch viele Wochen im Jahr sind sie standorttreu. Für die Nacht suchen sie die gleichen Verstecke, tagsüber gehen sie die gleichen Wege zu den Futterplätzen. Sie lernen also die Umwelt kennen, und besitzen ein treues Ortsgedächtnis.

In Gefangenschaft gehaltene Tiere begreifen, daß das Erscheinen des Menschen Futter bedeutet. Sie nähern sich und zeigen durch erhobene Köpfe ihre Freßlust an.

Wildlebende Schildkröten flüchten beim Erscheinen des Menschen oder verharren mit eingezogenen Gliedmaßen in Schutzstellung. Nach einiger Zeit im Gehege lernen sie aber diese Scheuheit zu überwinden.

Die Rivalitätskämpfe zwischen den Männchen müssen nicht ständig neu durchgeführt werden. Die Erinnerung an den Ausgang der letzten Auseinandersetzung genügt oft, daß der Unterlegene im voraus das Feld räumt.

Manche Halter behaupten, daß ihre Schildkröten sie persönlich erkennen und unterscheiden. Ich selbst habe aber etwas derartiges noch nicht beobachtet.

So gibt es noch viele Beispiele in dieser archaischen Tiergruppe, die zeigen, daß das Zusammenwirken von angeborenen und erlernten Verhalten das Überleben sichert.

Grashänge sind der Biotop von T.m. im NO von Sardinien.

DIE SCHILDKRÖTE,
EIN WECHSELWARMES LEBEWESEN

Wie alle heute lebenden Reptilien gehören die Schildkröten zu den Wechselwarmen.

Das heißt, ihnen fehlt die Fähigkeit ihre Körpertemperatur konstant auf 36 Grad Celsius zu halten. Ihr Blutkreislauf ist nicht effizient genug, da die Herzkammern nur unvollständig getrennt sind, so daß sich arterielles und venöses Blut mischen. Außerdem besitzt sie keine Einrichtungen wie Fettgewebe unter der Haut oder Fell oder Federn, die sie vor Wärmeverlust schützen. Ihr Wärmehaushalt ist ganz und gar von der Lufttemperatur und der Sonnenstrahlung abhängig.

Dabei gilt auch für Reptilien, daß viele Lebensvorgänge erst bei Temperaturen über 30 Grad Celsius richtig ablaufen.

Nach einer kühlen Nacht wandern die Tiere klamm, steif und schwerfällig aus ihrem Unterschlupf und stellen sich an eine Mauer gelehnt den Sonnenstrahlen senkrecht entgegen. So beziehen sie solare Energie direkt von der Sonne.

Reptilien gehen mit der Energie in der Nahrung sehr haushälterisch um. Sie wird vor allem verwendet für Bewegung und Wachstum. Hingegen brauchen die Warmblüter die meisten Kalorien zum Aufrechterhalten der Körpertemperatur. Deshalb braucht eine Schildkröte etwa zehnmal weniger Nahrung als ein gleich schweres Säugetier.

Die Natur hat bei diesen sogenannten primitiven Tieren ein Prinzip vorweggenommen, das der Mensch heute in der Solartechnik nachzuahmen versucht, nämlich sekundäre Energiequellen sparsam einzusetzen und die Sonnenenergie direkt zu nutzen.

Der sparsame Umgang mit der Energie ist auch das Geheimnis für das hohe Lebensalter unserer Schildkröten.

Nach einer Theorie ist der Maßtakt des Lebens der Energieverbrauch. Die verbrauchte Energiemenge von 2000 Kilojoule in einem Leben pro Gramm Körpergewicht ist bei Mensch und Tier gleich. Ist dieses Quantum verbraucht, treten Störungen in der Zelle auf, die zum Alterstod führen.

Manche Lebewesen gehören zu den Energieverschwendern und verbrennen ihre Stoffwechselsumme in Rekordzeit. Ihr Lebenslicht brennt hell aber kurz.

Doch bei unseren Landschildkröten läuft die Lebensuhr häufig verlangsamt ab, nämlich bei jeder Temperatursenkung, also in den Nachtstunden, bei Schlechtwetter und im Winterschlaf.

Freilandgehege des Verfassers.

Schildkröten werden deshalb gut zehn mal älter als vergleichbar große Warmblüter. Dieser Faktor 10 entspricht ja auch dem der verminderten Nahrungsaufnahme.

Es gibt eine große Anzahl von belegten Altersangaben zwischen 90 und 120 Jahren. Man kann daraus hochrechnen, daß das Höchstalter bei 150 Jahren liegt.

Die Wachstumsringe stimmen keineswegs mit der Zahl der Jahre überein. Denn ein Jungtier kann pro Jahr mehrere Ringe anlegen, während alte Tiere oft keine Zuwachsstreifen mehr aufweisen.

Abgesehen von der Größe gibt es einige Merkmale, die auf ein hohes Alter schließen lassen. Bei alten Männchen scheinen die Schilder des Plastrons wie geschliffen und poliert. Bei alten Weibchen sind die hinteren Schilder des Carapax abgeschliffen und wie gedengelt. Beides ist die Folge vieler Paarungen. Manche Tiere legen mit zunehmendem Alter vermehrt Pigmente ein (Altersmelanismus).

Mischling aus T.h.b. m. und T.h.h.w., die Zeichnung ist nicht so prägnant wie bei reinrassigen Tieren. Bastarde sind natürlich nicht das Ziel einer Zucht, doch besitzen sie einen wissenschaftlichen Wert.

ÜBERWINTERUNG

Ab Ende September sind die Nächte so lang und die Tage so kurz, daß die Sonnenwärme nicht mehr für die volle Aufrechterhaltung der Lebensfunktionen ausreicht. Im Freiland beginnen die Tiere sich zu verkriechen und einzugraben. Nun ist es Zeit, die Schildkröten zu überwintern.

Sie werden ins Haus gebracht und verbringen die nächsten 2 Wochen in einem Raum bei etwa 18 Grad Celsius. Wichtig ist, daß sie nun keine Nahrung mehr aufnehmen. Der Darm soll vor der Winterruhe leer sein. Dieses Ziel kann man schneller erreichen, wenn man die Tiere im lauwarmen Wasser badet. Dann kommen die Tiere in einen ungeheizten, aber frostfreien Keller. Jedes Tier erhält eine eigene Pappschachtel, die mit trockenen Buchen- und Eichenblättern aufgefüllt wird. Buchen- und Eichenblätter sind deshalb vorteilhafter, weil sie weniger zerfallen, so daß weniger Staub entsteht.

Vor allem Graeca- und Marginatatiere reagieren empfindlich und allergisch auf staubiges Füllmaterial. Oft zeigt sich das erst im folgenden Sommer durch nasse Nasen.

Deshalb verwende ich bei ihnen auch Torfmoos, das öfters mit Wasser besprüht wird. Andere Halter verwenden mit gutem Erfolg als Füllmaterial Kunststoffschnipsel der verschiedensten Arten oder leicht feuchten Sand.

Kranke Tiere dürfen nicht eingewintert werden. Sie werden warm im Haus gehalten; dasselbe gilt für Schildkröten, die trotz versuchter Einwinterung wachbleiben und in ihren Kisten ständig herumrascheln. Durch letzteres zeigen sie an, daß sie nicht ganz topfit und gesund sind.

In ihrer südlichen Heimat braucht die Schildkröte natürlich nicht die Hilfe des Menschen. Dort verkriechen sie sich Ende Oktober in die Erde, in Felsspalten oder unter Laub und Streu, und überdauern so die meist kurzen und milden Mittelmeerwinter.

Auch bei uns ist eine Freilandüberwinterung möglich, jedoch ist sie erheblich risikoreicher. Bei geringer Schneehöhe dringt der Frost tief in die Erde ein und die Schildkröten erfrieren zumeist. Zudem bedeuten Mäuse und Ratten im Freiland für die im Winterschlaf wehrlosen Tiere eine Gefahr.

Für Graeca- und Marginatatiere bedeutet Frost der sichere Tod. Hingegen können Testudo hermanni und Agrionemys horsfieldi wenigstens zeitweise Temperaturen unter Null überstehen. Bei mir überwinterte eine Vierzehenschildkröte, wie ich im Frühjahr feststellte, nur dicht unter der Grasnarbe. Da es aber im Winter eine dreiwochenlange Frostperiode ohne Schneedecke gab, war sie mit Sicherheit Minusgraden ausgesetzt. Ins warme Haus gebracht, verweigerte sie vier Wochen lang die Nahrung und zeigte eine feuchte Nase, bis sie sich wieder erholte.

Extrem starke Höckerung und ein sog. Papageienschnabel als Folge einer Fehlernährung bei T.h.b.

DIE GRIECHISCHE LANDSCHILDKRÖTE

Die Engländer bezeichnen sie als Herman's Tortoise, die Franzosen als Tortue d'Herman, die Italiener als Testuggine comune und die Spanier als Tortuga mediterrànea

Ursprünglich galt diese häufigste europäische Landschildkröte als eine monotypische Art, d.h. Unterarten waren nicht bekannt. Doch 1952 stellte Wermuth fest, daß es zwei geographisch getrennte und im Aussehen deutlich verschiedene Rassen gibt.

Die damals so häufig importierten Tiere von der Balkanhalbinsel wurden zur Nominatform erklärt und erhielten den Namen Testudo hermanni hermanni GMELIN 1789, die viel seltenere Westrasse bekam den Namen Testudo hermanni robertmertensi WERMUTH 1952, damit wollte Wermuth den Frankfurter Herpetologen Robert Mertens ehren.

Doch im Februar 1987 wies Roger Bour nach, daß J.F. Gmelin bei seiner Erstbeschreibung offensichtlich ein Tier aus der Sammlung des Straßburger Naturforschers Jean Hermann (1738 - 1800) vorlag. Das noch vorhandene Museumsexemplar ist aber eindeutig ein Vertreter der Westrasse. Also mußten beide Rassen ihre Rollen tauschen.

in dem Kapitel »Histoire et imagerie« seines Buches »La tortue souvage« hat Devaux die Geschichte der Namensgebung dargestellt.

S. 53 Cet holotype d'origine, qui apertenue à Jean Hermann, constitue donc une pièce »historique«.

S. 55 Holotype de J. Hermann: Musée zoologique de Strasbourg. N° MZUS 121.

Die Westrasse wurde so zur Nominatform Testudo hermanni hermanni GMELIN 1789 und die Ostrasse zur Unterart Testudo hermanni boettgeri MOJSISOVICS 1889. D.h. Mojsisovics hat schon 1889 die Balkantiere beschrieben und sie nach Boettger benannt.

Sie ist eine typische Bewohnerin der Macchia. Sie in ihrem Biotop zu entdecken, ist oft schwerer als man denkt. Läuft ein Mensch an ihnen vorbei, verharren sie meist ruhig und lassen die Gefahr an sich vorbeiziehen. Die schwarzbraune und gelbe Zeichnung ist eine perfekte Tarnung zwischen den Steinen, dem Laub, dem Schatten und den Sonnenflecken.

Das Auge, das den genauen Ort nicht kennt, blickt meist suchend darüber hinweg. Am ehesten findet man sie an den Übergangszonen zwischen Macchia und Kulturland und an Wegrändern.

Auch ein reichlicher Bestand wird oft nur erkannt, wenn Dickichte gerodet werden und Schneisen geschlagen werden, um den Waldbränden vorzubeugen.

T.h.h. erkenntlich an den gelben Backen und der kontrastreichen Zeichnung. Foto: Hufschmidt

Vereinzelt besitzen auch Tiere der Ostrasse gelbe Schuppen an den Backen.

T.h.h. aus dem Maurengebirge bei der Paarung. Foto: Christmann

Carapax einer 10 Jahre alten NZ, T.h.b. w., Gewicht: 1000 g

Plastron desselben Tieres

Beim Schlagen der Erikasträucher und dem Beseitigen der Brombeer-
ranken kommen die Schildkröten ans Tageslicht. Immer wieder entdeckt
man Tiere mit schweren Beschädigungen. Hauptgefahr für die Tiere sind
die häufigen Waldbrände, Füchse, verwilderte Hunde und die Unverstän-
digkeit der einheimischen Bevölkerung.

Erstaunlich ist die intensive Färbung und der metallische Glanz der in
Freiheit lebenden Tiere.

Wenn sich die Panzerträger ihren Weg durch das Gestrüpp bahnen, so
polieren sie sich und wachsen sie sich auch ein, denn die Blätter der im-
mergrünen Hartlaubvegetation sind mit einer Wachsschicht überzogen, die
zwangsläufig auch auf die Tiere kommt.

In den heißen Sommermonaten verlassen die Tiere schon in den frü-
hesten Morgenstunden ihr Versteck und gehen auf Nahrungssuche.

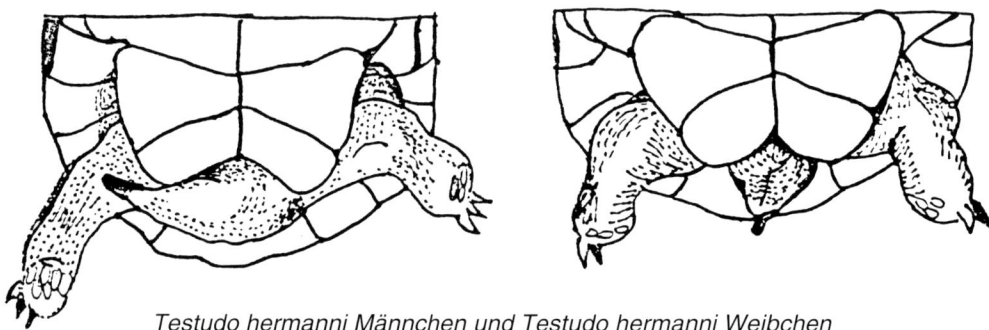

Testudo hermanni Männchen und Testudo hermanni Weibchen

Um 10 Uhr sind dann die meisten schon wieder verkrochen.

Im Gegensatz zu den anderen Arten weisen auch manche Wildtiere eine
leichte Höckerung auf.

Die Tiere ernähren sich je nach Jahreszeit von den verschiedenartigsten
Pflanzen und Früchten.

In Sardinien sah W. Müller an einem Tag mehrere Tiere mit blau ver-
schmierten Mäulern, und entdeckte schließlich weitere in ein Meter Höhe
zwischen Brombeersträuchern auf der Suche nach den Früchten.

Eine nicht unwichtige Rolle für die Ernährung stellt der Kot von Kaninchen und Schafen dar.

Gelegentlich fressen sie auch Würmer, Schnecken und Käfer. Ähnlich
wie körnerfressende Vogelarten verschlucken die Schildkröten kleine Stein-
chen. Sie unterstützen die Magenarbeit und zerreiben die Pflanzen.

In meinem Gehege kommt es gelegentlich vor, daß eine Schildkröte auf
den Rücken fällt und sich trotz aller Versuche nicht mehr in die Bauchlage

Flechtenbewachsene Felsenlandschaft in Sardinien.

T.h.h. NZ, 1 Jahr alt, von Massa Marittima, Italien.

T.h.h. NZ, 1 Jahr alt, von Alghero, Sardinien, typisch ist die gelbe, querlaufende Bänderung.

stemmen kann. Bei starker Sonneneinstrahlung kann dies tödlich sein. In dieser Situation kann Testudo hermanni sich befeuchten. Aus Maul und Nase fließen große Speichelmengen, die Kopf, Hals und Arme einnässen; ebenso werden Analgegend und Füße durch Flüssigkeit befeuchtet, die aus der Analblase sickert. Der Flüssigkeitsfilm erzeugt durch Verdunstung Kälte, die das Tier vor Überhitzung schützt.

Landschildkröten gehören zu den wenigen Vierfüßern, die von Natur aus nicht schwimmen können. Fällt ein Tier in einen Teich, so sinkt es auf den Grund und wandert dann unverdrossen auf demselben weiter, bis es zum Ufer kommt und heraussteigt. – Unterernährte Schildkröten sind jedoch leichter als Wasser. Sie treiben an der Oberfläche und machen scheinbar Schwimmbewegungen, die wenig zielgerichtet und deshalb meist erfolglos sind.

Testudo hermanni ist die robusteste Art. Erkrankungen als Folge von Erkältungen sind selten und nehmen meist einen leichten Verlauf. Auch Endoparasiten werden von gesunden Tieren ausgehalten, ohne daß eine Beeinträchtigung des Wohlbefindens zu beobachten ist. Bei zu starkem Wurmbefall sind jedoch Wurmkuren angeraten, besonders vor Antritt der Winterruhe.

Nach 10 Lebensjahren ist Testudo hermanni normalerweise geschlechtsreif. Der Carapax mißt dann etwa 15 cm, das Gewicht beträgt 850 Gramm. Bis zum 20. Lebensjahr wächst sie noch zügig weiter (20 cm/1600 g). Unter idealen Freilandbedingungen oder bei Terrarienhaltung können diese Maße auch viel früher erreicht werden.

Doppelte Körperlänge bedeutet nicht doppeltes, sondern achtfaches Gewicht, da das Gewicht vom Volumen abhängt und somit in der 3. Potenz ansteigt.

3 cm Carapaxlänge –	7 g Gewicht
6 cm Carapaxlänge –	56 g Gewicht
9 cm Carapaxlänge –	189 g Gewicht
12 cm Carapaxlänge –	448 g Gewicht
15 cm Carapaxlänge –	875 g Gewicht
18 cm Carapaxlänge –	1512 g Gewicht
24 cm Carapaxlänge –	3584 g Gewicht

Diese mathematische Beziehung setzt natürlich gleichbleibende Proportionen voraus.

Bei der Kopulation wird die rote Zunge sichtbar

Penis eines T.h.b. m.

70

T.m. Männchen, Panzerlänge 29 cm, Sardinien.

Überreste eines T.h.h. Tieres auf einem Feldweg bei Alghero.

T.g.i. w., östliche Türkei, die Hornkegel sind bei Ibera-Tieren besonders groß.

Carapax des obigen Weibchens.

Plastron von T.g.i. m.

DIE MAURISCHE LANDSCHILDKRÖTE

Deutsche und lateinische Namen erscheinen nicht immer ganz logisch. So heißt die Maurische Landschildkröte
>>Testudo graeca<<.

Ursache hierfür ist, daß der Erstbeschreiber Carl von Linnè 1758 ein Tier aus Oran (Nordafrika) beschrieb und fälschlicherweise meinte, sie sei identisch mit solchen aus Griechenland. Andere erklären das Wort >>graeca<< so: Linnè wollte damit ausdrücken, daß der Panzer ihn an einen griechischen Helm erinnere, oder daß die Beschilderung mit einem griechischen Mosaik vergleichbar sei. Ganz gleich was Linnè sich wirklich gedacht hat, es gilt der Grundsatz:
Der zuerst erteilte Name ist gültig. Das ist der einzige Schutz gegen Willkür und Verwirrung.

Die Ostrasse heißt Testudo graeca ibera PALLAS 1814.

Unter ibera meinte jedoch Pallas nicht die iberische Halbinsel, sondern eine antike Landschaft des Kaukassus.

Die Engländer bezeichnen sie als Spur-thighed Tortoise, Franzosen als Tortue grecque, Italiener als Testuggine greca und die Spanier als Tortuga mora.

Die Maurische Landschildkröte ist besonders variabel in Größe, Form und Farbe. Manche kommen im Aussehen der Griechischen Landschildkröte sehr nahe, andere zeigen Ähnlichkeiten mit Testudo marginata. Von Landschaft zu Landschaft gibt es spezielle Formenkreise.

Die Nominatform besiedelt Nordafrika. Sie ist für unser mitteleuropäisches Klima wenig geeignet. Sie ist recht empfindlich und die meisten Exemplare werden in einem kalten, regnerischen Sommer unweigerlich krank. Auch eine lange Überwinterung wird nicht ertragen. Ähnlich wie bei tropischen Schildkröten ist für sie Terrarienhaltung notwendig.

Weit besser eignet sich Testudo graeca ibera für eine Freihaltung. Diese Unterart erstreckt sich ja auf ein sehr weites Gebiet. Kommt sie aus höhergelegenen Gegenden, so zeigt sie sich in der Haltung durchaus mit Testudo hermanni vergleichbar.

Tiere aus Bulgarien werden offensichtlich am größten. Mit 4 bis 5 Kilogramm stehen sie den Breitrandschildkröten kaum nach. Dementsprechend wachsen auch Jungtiere sehr schnell heran. Bei mir erreichte eine NZ nach 6 Monaten Haltung im Terrarium und 3 Monaten im Freiland 400 Gramm Gewicht.

T.g.g.w., die schwarzen Flecken am Plastron sind deutlich abgesetzt.

T.g.g.m., mit der ebenfalls typisch schwarzen Fleckung.

Zwei NZ des vorher abgebildeten T.g.g. Pärchens.

T.g.i. m. bei der Paarung.

Maurische Landschildkröten können sich nur bei einem Klima mit trockenheißen Sommern fortpflanzen. Das zeigt folgender Bericht:

H. Brix erwarb 1935 sechs Testudo graeca graeca in Casablanca und brachte sie in seinen Garten auf Teneriffa (5 Breitengrade südlicher). Die Tiere fühlten sich offensichtlich wohl und legten auch fleißig Eier. Jedoch schlüpften aus den Eiern keine Jungtiere aus.

Die Ursache ist der mäßigende Einfluß des Atlantiks, der zu kühleren und feuchteren Nächten führt und so ein natürliches Ausbrüten verhindert. Erst nach Anschaffung eines Brutapparates gelang 1966 eine Nachzucht.

Auch die adulten Panzerträger haben ihre Feinde. Manche Adler ergreifen Tiere bis 23 cm Carapaxlänge und lassen sie wiederholt aus 20 bis 30 Meter Höhe fallen, bis die Panzer zertrümmert sind und die Adler an die eßbaren Teile herankommen.

Geier tragen sie in ihre Horste und fressen sie aus, wobei die Panzer ganz bleiben.

Leider neigt Testudo graeca ebenso wie Testudo marginata in Gefangenschaft oft zu chronischen Infektionen der Atemwege, erkennbar an der nassen Nase. Beim Atmen bilden sich Bläschen an den Nasenlöchern. Die Atmung selbst wird behindert. Als Therapie hat sich die Haltung in einem warmen und feuchten Terrarium bewährt. Meistens verschwinden dann wenigstens zeitweise die Symptome.

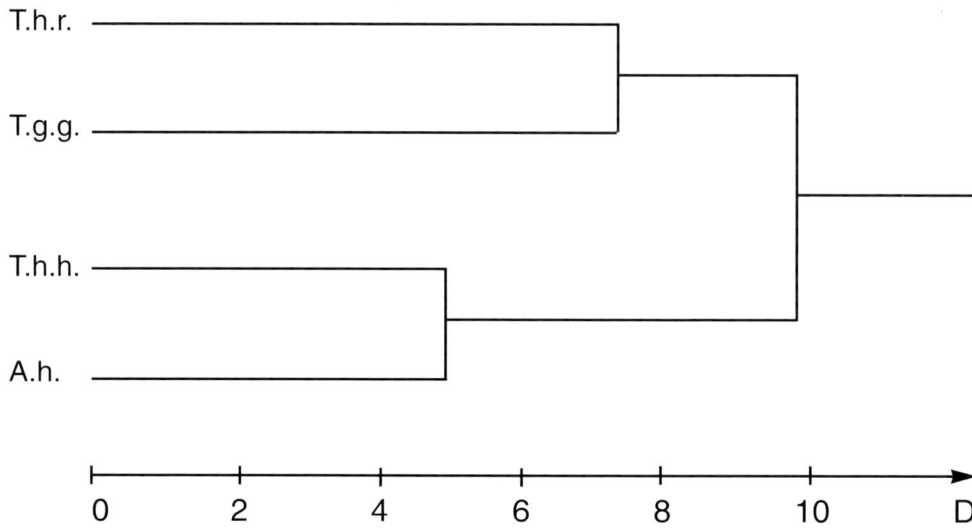

Die genetische Verwandtschaft nach Squalli-Houssaini H. und Blanc C.. Demnach hätte die Westrasse der Griechischen Landschildkröte zu der Ostrasse einen größeren Abstand als zu der Maurischen Landschildkröte. Praktische Erfahrungen mit Kreuzungen unterstützen aber diese Behauptung nicht. Hingegen bekräftigt der Bastard aus Testudo hermanni hermanni und Agrionemys horsfieldi bei Kirsche die Untersuchung.
Squalli-Houssaini H., 1990 Genetic variability of four species of the genus Testudo (Lineaus 1789), Herpetological Association of Africa, 37 (5): 1–12

Eine »glückliche« T.m. Familie, natürlich ist die Aufnahme gestellt, Foto: Heimann

Schlüpfling von T.m. mit deutlicher Bauchfalte.

T.m.w. bei der Eiablage.   Foto: Heim

DIE BREITRANDSCHILDKRÖTE
(Englisch: Marginated Tortoise, Italienisch: Testuggine marginata)

Von allen vier Arten hat sie das geringste Verbreitungsgebiet. Das Vorkommen umfaßt einige Landschaften zwischen dem Olympgebirge und dem Südpeloponnes, dazu einige Ägäisinseln, Sardinien und einige isolierte Vorkommen in Italien und dem Balkan.

Ihr Vorzugsbiotop sind windgeschützte, mit Macchia bewachsene Berghänge. In ihrer Heimat ernähren sie sich hauptsächlich von Sukkulenten, Kräutern und jungem Gras. Oft teilen sie sich ihren Biotop mit Testudo hermanni.

Testudo marginata ist montaner; sie weicht auch ins höhere Bergland bis auf 1600 Meter Höhe aus.

Dabei kommt den adulten Tieren die schwarze Färbung zugute. Sie ermöglicht ihnen, auch kurzzeitig Sonnenstrahlen zu resorbieren und die benötigte Betriebstemperatur zu erwerben.

Arttypisch sind auch der langgestreckte Rückenpanzer mit Taille und die hinteren weit ausladenden Randschilder. Panzeraufwölbungen treten auch bei übrigen Testudoarten auf, jedoch nie so ausgeprägt.

Bei der Paarung piepsen die Männchen fast seufzend mit langen, tiefen Tönen.

Zum Vergleich:　Testudo graeca – 　　　　lange, hohe Töne
　　　　　　　　Testudo hermanni – 　　　　hohes, stoßweises Piepen
　　　　　　　　Agrionemys horsfieldi – 　 hohe, feine Pfeiftöne

Das Abschrammen der zugescharrten Eigrube mit dem Bauchpanzer konnte ich bei Testudo marginata nie beobachten.

Die Eier sind im Durchschnitt 34 mm lang und wiegen 17 Gramm. Bei guter Haltung zeigt sich Testudo marginata als dankbarer Pflegling. Zuchterfolge gelingen im Vergleich zu den anderen Arten verhältnismäßig oft.

Bei der Haltung im Freilandterrarium sind vor allem Jungtiere recht scheu. Sie sind Meister im Sichverstecken. Beim Herannahen des Menschen verharren sie zunächst ruhig und verdrücken sich dann bei nächster Gelegenheit unter eine Deckung und schleichen dann in das sichere Schilddkrötenhaus.

Im Nordosten von Sardinien entdeckte G. Peters an einem Berghang etwa 80 Tiere, davon waren 75 Männchen.

Auch andere Autoren berichten von ähnlichen Mißverhältnissen bei den Geschlechtern. Es scheint so zu sein, daß nach der Paarung im Frühjahr die Geschlechter verschiedene Biotope aufsuchen. Für unsere Haltung bedeutet das, daß es nicht sinnvoll ist, beide Geschlechter immer gemeinsam

Im Rythmus des Paarungsschreis bewegt das T.m. w. den Kopf.

zu halten. Vor allem Weibchen können Schaden nehmen, wenn sie wochenlang unablässig von Männchen getrieben werden.

Dinkel untersuchte 1960 die Marginata-Bestände bei der Stadt Elasson. Sie stellte dabei ein Geschlechtsverhältnis Weibchen : Männchen von 1 : 4 fest. Den Fortbestand sieht Dinkel gefährdet. Die sehr zahlreichen Ziegen sind Nahrungskonkurrenten um die sowieso spärliche Nahrung. Außerdem zeigen die vielen aufgehackten Schildkrötenpanzer, daß die einheimische Bevölkerung die Tiere als Nahrungsquelle oder als Schädlinge ansieht. In Larissa, der größten Stadt des Gebietes wurden 1960 noch Schildkröten für eine Suppenfabrik gesammelt, dabei wurden die großen Schwarzen (T.m.) den kleinen Gelben (T.h.) vorgezogen.

VIERZEHENSCHILDKRÖTE

Als Angehörige einer anderen Gattung unterscheidet sie sich im Aussehen und Verhalten deutlich von den Testudoarten. Deshalb gibt es bei ihr an Besonderheiten mehr zu berichten.

Der deutsche Name weist auf ein typisches Merkmal hin. Diese Art besitzt an den Vorderfüßen nur vier, allerdings besonders kräftige Zehen. Auch die Vorderfüße selbst sind noch kräftiger als bei den anderen Arten. Das weist auf die besondere Fähigkeit zum Graben hin. Auch viele Testudotiere besitzen nur vier deutlich sichtbare Vorderarmzehen, jedoch ist bei ihnen wenigstens der 5. noch rudimentär im Ansatz erkennbar. Die Steppenschildkröte, wie man sie auch nennt, schaufelt richtige Gänge aus, die wiederholt benutzt werden. Die Gänge sind oft länger als ein Meter und besitzen am Ende eine Schlafkammer.

Nicht nur während des Winterschlafes, sondern auch während der Aktivitätszeit benutzt sie die Höhle und verbleibt im nahen Umkreis, schützt sich mittags darin vor zu großer Hitze und übernachtet in derselben. Oft sieht man sie am Morgen oder bei zweifelhaftem Wetter am Eingang sitzen.

In diesem Verhalten ähnelt sie der amerikanischen Gopherschildkröte. Beide bewohnen ähnliche Biotope, die durch ein extremes kontinentales Klima geprägt sind. Auch der flache Panzer und die kräftigen Arme erleichtern beiden das Graben von Röhren, ebenso der Rückenpanzer, der vorne und hinten nicht so tief heruntergezogen ist wie bei den Testudoarten.

Das extreme Kontinentalklima bestimmt das Leben der Steppenschildkröte. Die Winterruhe ist Ende März vorbei. So hart und kalt der Winter war, so schnell und übergangslos ist die warme Jahreszeit da. Nur 3 bis 4 Monate stehen ihr zur Verfügung, um zu fressen, zu wachsen und sich fortzupflanzen.

Schon Mitte Juni ist die ganze Vegetation verdorrt und die Tiere ziehen sich zu einer Sommerruhe in ihre Höhlen zurück, die oft ohne Unterbrechung in die winterliche Ruheperiode übergeht.

Bei Agrionemys horsfieldi wurde auch beobachtet, daß sie den Boden mit Geruchsmarken versieht. Aus der Kloake scheidet sie eine durchdringende Flüssigkeit aus, deren Geruch lange auf dem Boden haften bleibt.

Die Vierzehenschildkröten müssen sich in der kurzen Vegetationsperiode sehr mit dem Essen beeilen. Auch in Gefangenschaft erweisen sie sich vor allem im Frühsommer als gute Fresser, so daß bald die Weichteile aus den Panzeröffnungen hervorquellen. Sie fressen auch noch bei niedrigen Temperaturen.

Zwischen Grasbüscheln versteckt ein A.h. w. bei der Eiablage.

Beim Schlupf liegen die NZ von A.h. quer im Ei.

84

Ein Fall von Konvergenz: Gopherus flavomarginata (Nordamerika) – Bild oben – und A.h. bewohnen ähnliche Lebensräume. Beide besitzen kräftige Arme und einen flachen Panzer.

Trotzdem ist ihre Haltung nicht ganz unproblematisch. Langes anhaltendes, feuchtes und kühles Wetter behagt ihr nicht. Noch Mitte der 80er Jahre wurden Tausende in den europäischen Zoohandel gebracht. Leider hat nur ein kleiner Teil davon überlebt. Auch bei sachgemäßer Haltung verstarb nach kurzer Zeit der Großteil der Tiere. Vermutlich wurden sie Opfer von krankheitserregenden Bakterien und Viren unserer Heimat, gegen die sie keine Widerstandskraft hatten. Hingegen zeigen sich Tiere, die die ersten zwei Jahre überstehen, als robust.

Bei Agrionemys horsfieldi sind die Zuwachsringe nicht weiß-gelblich, sondern grünlich.

Über ihr Lebensalter gibt es noch wenig Angaben, da sie in früherer Zeit bei uns sehr selten gehalten wurde. Die längste Haltung in menschlicher Obhut betrug 21 Jahre und 25 Tage. Das wirkliche Alter dürfte weit höher liegen und dem der Testudoarten nicht viel nachstehen.

Zuchterfolge in unserem Klima sind sehr selten. Bei mir stellte sich erst dann Nachwuchs ein, seitdem ich die Weibchen Mitte Februar aus dem Winterschlaf holte, sie warm im Hause unter einer Lampe halte und erst im Mai ins Freiland setze, eine Methode, die auch bei den Testudoarten die Erfolgsquote für Nachzuchten erhöht.

Während die Testudoarten bei der Eiablage einen freien, der Sonne ausgesetzten Sandhügel bevorzugen, sucht sich die Vierzehenschildkröte zwischen Grasbüscheln den Ablageplatz. Deshalb wird auch manches Gelege unbemerkt abgesetzt. Auch das ist eine Anpassung an das Sommerklima, wo etwas Schatten die hohen Bodentemperaturen dämpfen soll.

Bei der Eiablage hängt sich mein Weibchen mit den Vorderarmen an einem Grasbüschel ein und gräbt in vertikaler Lage ein tiefes, enges Loch; dabei bewegt es sich klimmzugmäßig auf und nieder.

Die Aufzucht der Jungtiere ist genauso einfach wie bei den Europäern. Allerdings ebenso wie die adulten Tiere verschmähen sie zumeist protein-haltiges Zusatzfutter in Form von Pellets, sodaß sie langsamer wachsen.

Beim regelmäßigen Baden in einer flachen Wanne trinken die Testudonachzuchten in langen Zügen, meine Agrionemystiere verzichten zumeist auf eine Wasseraufnahme oder trinken nur kleinste Mengen mit kurzen, schnappartigen Schlücken.

Die Überwinterung ist etwas problematisch. Schon im August beginnen sich manche Tiere im Freiland einzugraben und da sie gute »Gräber« sind, sind sie oft schnell verschwunden. An sich wäre das die artgemäße Überwinterung, die freilich mit vielen Risiken verbunden ist.

Basile meint, daß die nicht genug intensive Winterruhe im Haus die Ursache der so seltenen Zuchterfolge ist.

Ein deutlicher Mittelkiel und zwei schwächere Seitenkiele bei A.h. NZ erinnern an das Aussehen früherer Vorfahren.

A.h. w., der Panzer verbirgt die Weichteile nicht so gut wie bei den Testudoarten.

Trotzdem bringe ich in der Regel meine Tiere Ende Oktober zur Überwinterung in den Keller. Freilich finden sie lange Zeit keine Ruhe, krabbeln und rascheln in den mit Blättern gefüllten Kisten. Die Temperatur von 12 Grad Celsius im Keller ist noch zu hoch. Erst bei weniger als 9 Grad Celsius (ab Dezember) fallen sie in Winterruhe.

Das Glashaus im Freilandterrarium bewährte sich nicht.

T.m. m., aus Griechenland

ZUR SCHILDKRÖTENFAUNA SARDINIENS

Für Schildkrötenfreunde ist Sardinien ein besonders faszinierendes Land, denn alle drei europäischen Landschildkrötenarten besiedeln diese Insel.

Vermutlich sind die Schildkrötenvorkommen der meisten Mittelmeerinseln auf den Menschen zurückzuführen. Mehr als alle anderen Reptilien sind Schildkröten schon zu allen Zeiten von Reisenden als Mitbringsel verschleppt worden. Zudem galten sie für Seefahrer oft als lebender Proviant.

Eine Besiedelung ohne menschliches Zutun ist sehr unwahrscheinlich, da im Mittelmeer starke Meeresströmungen fehlen, so daß auch geringere Distanzen für diese Tiere unüberwindbare Barrieren darstellen.

Im Nordwesten der Insel fand ich Testudo hermanni Tiere, die sehr deutlich die Merkmale der Westrasse aufwiesen. Es gibt jedoch auch Tiere auf der Ostseite, die im Typus der Ostrasse näherkommen.

Ebenso werden im Süden der Insel Testudo graeca graeca Tiere angetroffen. In allen drei Fällen weisen die Hauptverbreitungsgebiete auf die Ursprungsländer hin, mit denen Sardinien früher verbunden war.

Erstmals wurde Sardinien ab 6000 v. Chr. von westmittelmeerischen Randgebieten her besiedelt. Das erklärt das häufige Vorkommen von Testudo hermanni hermanni Tieren im Nordwesten.

Ab 600 v. Ch. beherrschten die Karthager die Insel. In ihrem Gefolge kamen vermutlich auch T.g.g. auf die Afrika zugewandte Seite.

238 v. Chr. wird Sardinien Teil des Römischen Reiches, und von nun an bestanden rege Beziehungen zu Italien.

Mein Hauptinteresse aber galt der sardischen Breitrandschildkröte. In der Literatur wird ihr Vorkommen zwar häufig erwähnt, genauere Berichte fand ich jedoch kaum. Das war mit ein Grund, im Juni 1990 nach Sardinien zu reisen und Günther Petters zu besuchen, der seit drei Jahren in Alghero wohnt. Mit seiner Hilfe gelang es mir, die Biotope im Nordosten der Insel aufzusuchen und die Tiere zu beobachten.

Petters hatte mich schon aufmerksam gemacht, daß deutliche Unterschiede zwischen der griechischen Stammform und den heute in Sardinien lebenden Tieren bestehen. Diese Unterschiede fand ich bestätigt. Bei der griechischen Stammform sind die hinteren Randschilder größer, oft fast flügelförmig aufgebogen und tief gezackt. Hingegen sind bei der sardischen Marginata die hinteren Randschilder weniger stark ausladend und ziemlich glattrandig. Im Durchschnitt sind die letzten Marginalien um 1 cm kürzer als bei gleichgewichtigen griechischen Exemplaren.

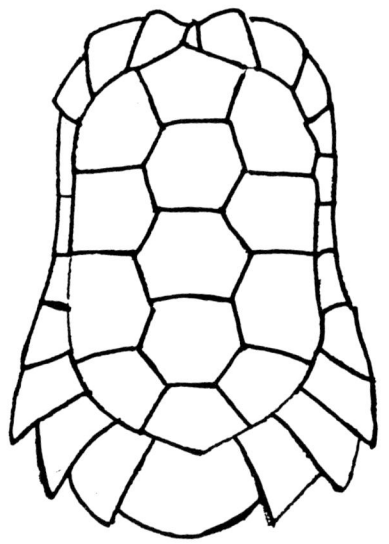

Carapax von T.m. Griechenland

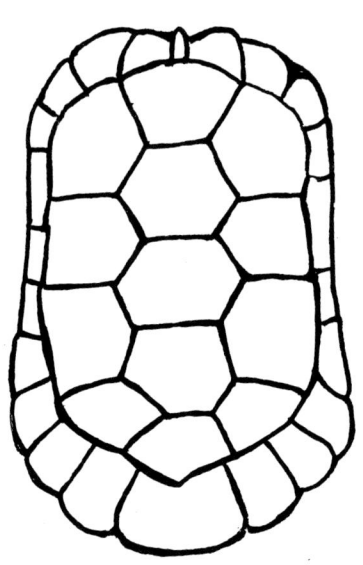

Carapax von T.m. Sardinien

Diese Andersartigkeit läßt sich aber nur bei adulten Tieren feststellen, während Jungtiere sich in Form, Farbe, Beschuppung und Beschilderung noch völlig ähneln.

Erwachsene Tiere des sard. Typus erscheinen bei gleicher Panzerlänge plumper und sind auch schwerer. Die Färbung variiert ähnlich wie bei den griechischen von braun bis schwarz mit mehr oder weniger deutlich ausgeprägten Areolen, jedoch ist bei vielen »Griechen« der Schwarzton intensiver. Der Rückenpanzer der letzteren wirkt durch die geschwungenen Linien interessanter und eleganter.

T.m. w. Griechenland und T.m. m. Sardinien.

T.m. m. Sardinien, Panzerlänge 29 cm.

93

T.m. Griechenland

T.m. Sardinien, 28 cm lang, die hinteren Randschilder sind nur wenig aufgewölbt.

Das letzte Wirbelschild steht oft fast senkrecht zum aufgebogenen Schwanzschild, während bei den »Sarden« beide Schilder ohne großen Knick ineinander übergehen.

Es ist deshalb gerechtfertigt, sie als eigene Unterart herauszustellen und sie als »Testudo marginata sarda« zu benennen.

Häufig zitiert wird ein Bericht, daß deutsche Soldaten im 2. Weltkrieg Testudo marginata in Sardinien ausgesetzt hätten und somit Urheber der Population seien. Doch bei dem ausgedehnten und zahlreichen Vorkommen muß der Ursprung viel weiter zurückliegen.

F. Siebenrock erwähnt im Zool. Anzeiger (Leipzig 1906, p. 50) eine Reihe früherer Autoren, die zum Teil schon ab 1840 T.m. in Sardinien registrieren. H. Giglioli (Arch. Naturg. 45.1., 1879, S. 98), G. Angelini (Boll. Soc. Rom. Zool. VIII, 1899, p. 50), Marinelli, La Terra, Bonaparte (Icon. Faun. Ital. II, Anfibi 1840).

Berücksichtigt man die langsame Generationsfolge und die gemächliche Gangart der Tiere, so muß man noch weiter in die Geschichte zurückgehen.

T.m. Sardinien m., 3 Jahre, griechische wie sardinische Tiere besitzen auf dem Schwanz eine dunkle längliche Markierung.

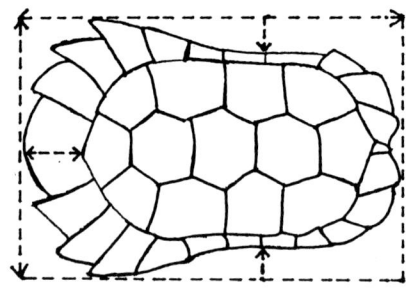

	w.	w.	m.	w.	m.	m.	m.	w.	w.	m.	m.	m.
Länge	125	170	170	220	220	220	240	240	250	265	270	280
Breite mitte	840	110	105	130	135	120	130	150	140	145	160	160
Breite hinten	860	120	115	150	155	145	150	165	160	180	190	190
Schwanzschild	20	30	30	40	35	45	50	50	40	50	60	60

Testudo marginata Griechenland   mm

	w.	w.	m.	w.	w.	m.	w.	m.	m.
Länge	125	180	220	250	280	285	290	290	290
Breite mitte	840	120	130	150	160	160	160	170	170
Breite hinten	850	125	135	160	175	185	175	180	185
Schwanzschild	18	30	35	38	45	50	45	50	50

Testudo marginata Sardinien   mm

Panzermaße von zwölf griechischen und neun sardischen Breitrandschildkröten. Längen und Breiten wurden im Stockmaß gemessen.

96

In etruskischen Gräbern fanden Archäologen neben griechischen Tonwaren auch die Panzer von T.m.. Zudem gibt es auch heute noch auf dem italienischen Festland südlich von Livorno eine T.m.-Population. Deshalb liegt die Vermutung nahe, daß schon die Antike die ersten Tiere von den Ufern des Ionischen Meeres zu den Hafenstädten des Tyrrhenischen Meeres verschleppt wurden.

Der wichtigste Hafen für die griechischen Seefahrer war Olbia. In seiner Umgebung ist auch das Hauptvorkommen von T.m. in Sardinien. In dem Berg- und Hügelland des Nordostens fanden die Tiere recht ideale Bedingungen.

Folgende Gedanken zur Entstehung der sardischen Sonderform erscheinen mir erwägenswert:

Die Population in Griechenland besitzt eine große genetische Bandbreite; die ausgesetzte Stammutter zeichnete sich zufälligerweise durch gering ausgewölbte Marginalien aus und begründete so in Sardinien eine Nachkommenschaft mit einheitlichem Typus, die durch Isolation zu einer neuen Unterart wurde.

Diese Unterartbildung auf Inseln ist nicht allzu selten. Viele größere und kleinere Mittelmeerinseln beherbergen Tierrassen, deren Stammform auf dem Festland liegt.

Diesen Vorgang, der durch Isolation zu neuen Spezien führt, nennt man auch Flaschenhalseffekt. Während große Populationen sich nur langsam ändern, können kleine Populationen in kurzer Zeit die Weichen für neue Entwicklungslinien stellen.

Bekannt sind ja auch die Elefantenschildkröten auf den Galapagosinseln. Jede Insel beherbergt ihre eigene Spezies, jede Art dürfte vermutlich von einem oder wenigen Tieren abstammen.

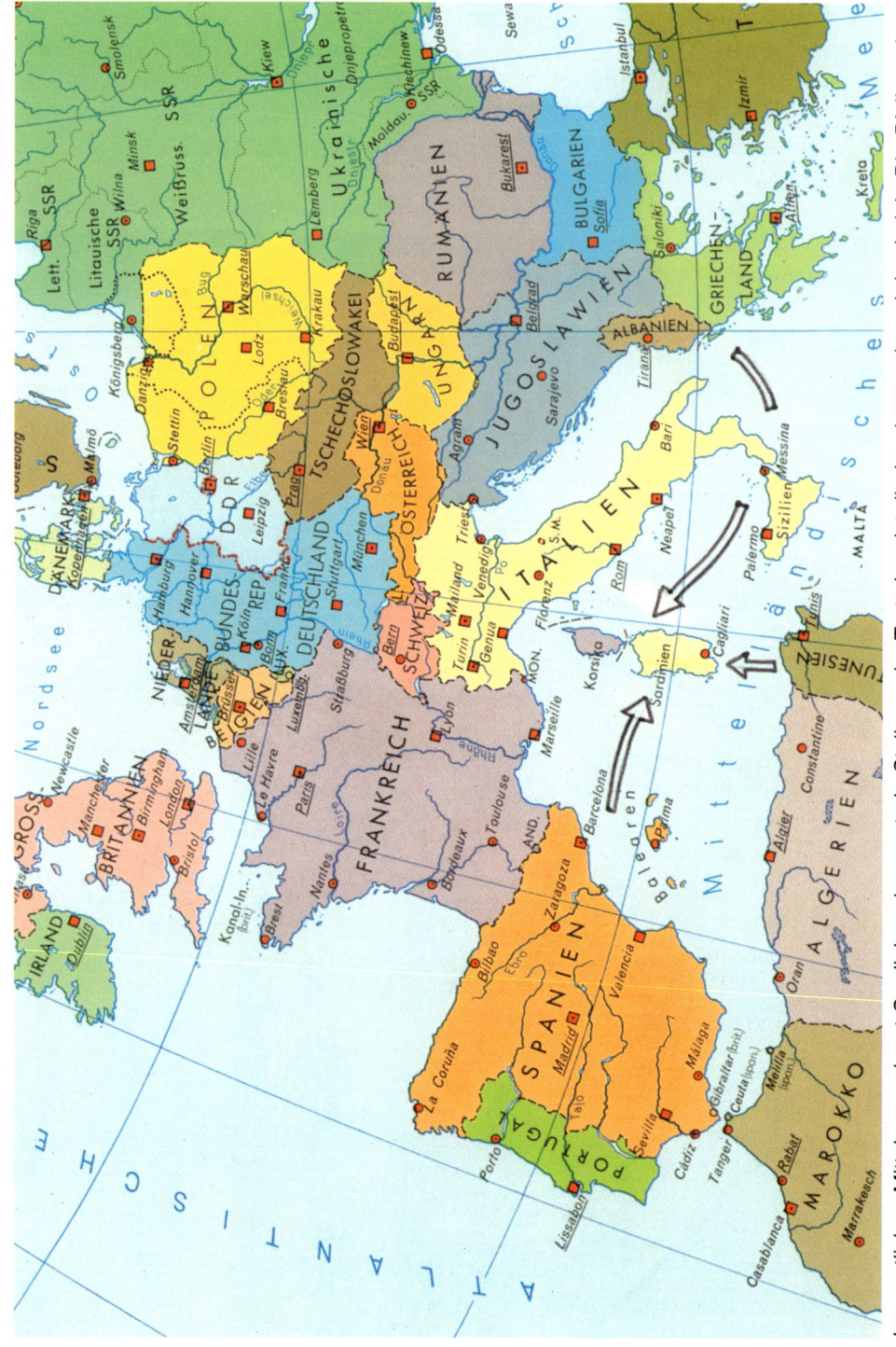

Im westlichen Mittelmeer nimmt Sardinien eine zentrale Stellung ein. Trotzdem ist die Insel nur schwach besiedelt. Die Pfeile weisen von den Ursprungsländern der Schildkröten auf die Insel.

T.h.h. und T.h.b. NZ im Vergleich.

T.m. Sardinien

Freilandgehege mit Abteilungen für Land- und Wasserschildkröten.

DAS FREILANDTERRARIUM

Die beste Lage für ein Gehege ist an der Südseite eines Hauses. Tagsüber reflektieren und verstärken die Mauern die Sonnenstrahlen erheblich und in der Nacht strahlen sie die gespeicherte Wärme wieder ab.

Auf jeden Fall soll die Sonne an guten Tagen mindestens neun Stunden einstrahlen, sodaß sich auch der Boden kräftig erwärmen kann.

Der Untergrund soll vielgestaltig sein, Rasen, Sand, Steine und Rindenmulch.

An der Südostseite liegen einige schmale Bretter. Gerne sitzen hier in den ersten Morgenstunden die Panzerträger darauf und lassen sich, geschützt vom kühlen Untergrund, aufwärmen.

Eine Beschattung durch außenstehende Bäume soll nicht erfolgen. Es genügt, wenn im Gehege kleine Schattenzonen durch eine niedrige und robuste Vegetation vorhanden sind; niedrige Büsche, Horste von Gräsern und Taglilien dienen als Versteckzonen. Gut paßt auch die Yuccalilie als ein charakteristisches Gewächs der Wiesen und Felder im Mittelmeergebiet.

Manche Schildkrötenhalter bieten ihren Pfleglingen den ganzen Garten als Lebensraum an. Obwohl so die Tiere die größtmögliche Freiheit genießen, muß das aber nicht die optimale Lösung sein. Oft verharren sie doch viele Stunden in kühlen Schattenzonen, übernachten im kalten Gras und finden nicht den Weg zu den erwärmten Zonen. Zudem ist eine Kontrolle stark erschwert.

Bei 10 Schildkröten ist eine Fläche von 20 m² zumeist ausreichend. Auf Dauer sind zwei oder mehr Gehege notwendig, erstens, um zeitweise die Geschlechter zu trennen, damit die Weibchen nicht durch wochenlange Verfolgungen durch die Männchen zu sehr gestreßt werden, und zweitens, um Bastardierungen zu verhindern.

Wichtig ist die richtige Einfriedung des Geheges. Als nicht günstig haben sich Drahtzäune erwiesen, dieTiere sehen nicht ein, daß diese durchzusehenden Gitter doch eine Sperre sind.

Unablässig patroullieren sie an ihnen vorbei, laufen gegen sie an und suchen die Lücke. Und mit ihrer großen Beharrlichkeit gelingt es ihnen sogar, sie zu übersteigen.

Günstiger sind Absperrungen aus Hozbrettern, Holzpalisaden, Kunststoff oder Naturstein. Die Mauer soll mindestens 30 cm hoch sein und oben einen überstehenden Rand haben.

Nicht zu unterschätzen ist auf Dauer der ästhetische Faktor. Die Anlage soll sich dem Auge gefällig Haus und Garten anpassen. Deshalb sind solide, gemauerte Begrenzungen aus Naturstein zwar teuer, aber auf Dauer am besten.

Sehr harmonisch kann sich eine Anlage in den Garten einfügen, wenn ein Graben das Entweichen der Tiere verhindert.

Bei diesem Freilandgehege verhindert ein Graben das Entweichen der Tiere.

Hier kann der Blick ungehindert vom Garten in das Gehege schweifen.
Nachteile dabei: Kleintiere wie Igel und Mäuse können in die Grube fallen; bei Platzregen besteht eher die Gefahr der Überschwemmung.

T.m. w. aus Griechenland

Freilandgehege

NZ von T.m. und T.h.b.

DAS SCHILDKRÖTENHAUS

Das Sichwohlfühlen der Tiere hängt im hohen Maße von der Behausung ab. Denn darin verbringen sie einen Großteil ihres Lebens. Sie soll dunkel, trocken, windstill, warm und sicher vor Feinden sein.

Zuerst eine Lösung, die sich bei mir nicht bewährt hat.

Meine Vorstellung war, den Tieren in unseren nördlichen Breiten ein wärmeres Klima zu schaffen. Ich baute deshalb ein Glashaus als Unterschlupf (120 cm x 100 cm).

Die Erwartungen erfüllten sich aber nicht. Der normale Lebensrhythmus der Tiere wurde gestört. Während sie sonst bei schönem Wetter den Unterschlupf schon früh verlassen, um die ersten Sonnenstrahlen zu nutzen, blieben sie nun lange im Glashaus, oft den ganzen Tag, deshalb mußten sie auch im Haus gefüttert werden. Das ganze Leben spielte sich darin ab. Auch die Eier wurden innen abgesetzt. Aus Wildtieren wurden richtige Haustiere. Die Tiere waren meist stark verschmutzt. Zudem kühlen in der Nacht die Glashäuser sehr aus.

Gute Erfahrungen machten viele Halter mit einem Bautyp nach Angaben von E. Heimann.

In der Mitte des Geheges wird ein Sandberg angehäuft. In ihm wird das Haus (siehe Zeichnung) versenkt. Die offene Seite zeigt nach Süden. Die drei anderen Seiten werden mit Erdreich angeböscht. Das aufklappbare, etwas überstehende Pultdach und die Seitenwände werden mit Dachpappe geschützt.

Boden- und Seitenteile sind zusätzlich durch Steinplatten gegen die Erdfeuchtigkeit geschützt. Auch eine zusätzliche Wärmeisolierung des Holzhauses mit Styroporplatten ist empfehlenswert. Eine verschließbare Klappe sichert in der Nacht den Eingang.

In den frühen Vormittagstunden ist das Dach ein beliebter Sonnenplatz, da es sich schnell erwärmt. Auch die Böschugen am Haus bringen Vorteile. Sie werden als Eiablageplatz bevorzugt.

Eine Heizung im Haus ist nicht notwendig. Der natürliche Rhythmus zwischen Erwärmung und Abkühlung würde nur unnötig gestört.

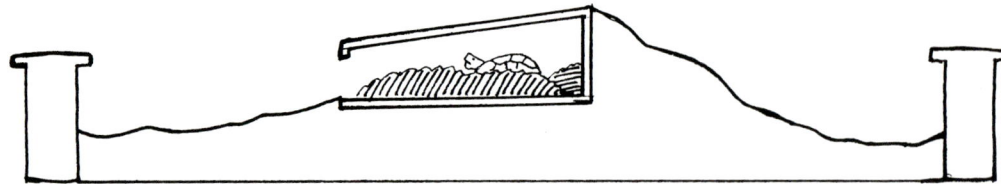

Durch die erhabene Lage in einem Sandhügel erwärmt sich bei sonnigem Wetter das Schildkrötenhaus (aus Holzbretter) schnell und bietet optimale Temperaturen; außerdem wird bei einem Platzregen eine Überschwemmung verhindert.

Im Häuschen kommen die Tiere schneller zur Ruhe, wenn ausreichend Streumaterial vorhanden ist. Am besten hat sich trockenes Laub von Rotbuchen oder Eichen bewährt; als Zusatz eignet sich Rindenhumus oder Walderde.

Abends wandern die erwärmten Tiere in das Haus und können so ihre Wärme in dem isolierenden Streumaterial noch lange speichern.

T.g.i. Jungtier mit der typisch olivfarben, verschwommenen Zeichnung.

T.m. Griechenland, 32 cm lang, mit schwerer aber verheilter Panzerverletzung.

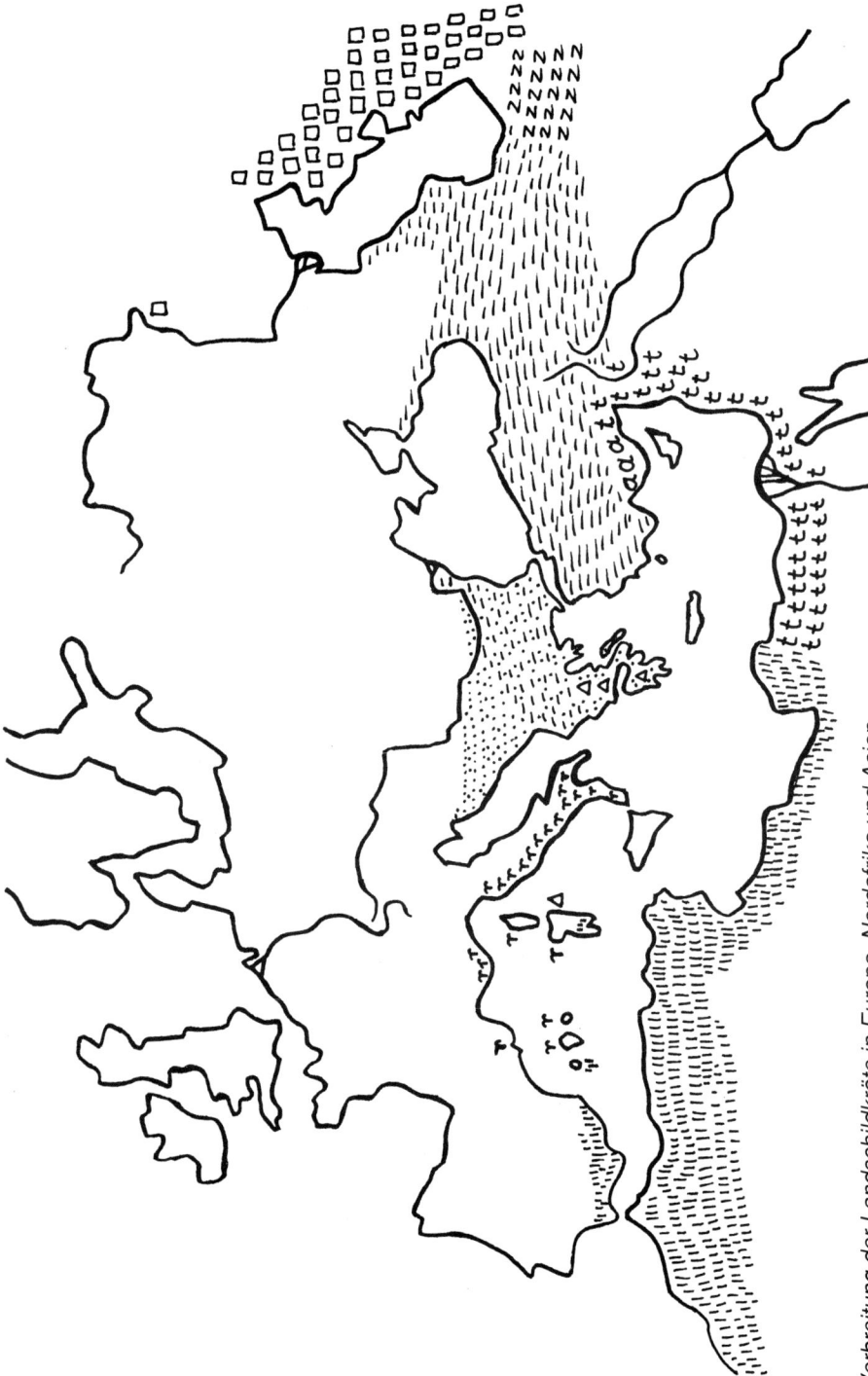

Verbreitung der Landschildkröte in Europa, Nordafrika und Asien.

108

VERBREITUNG DER LANDSCHILDKRÖTE IN EUROPA, NORDAFRIKA UND ASIEN

⣿	Testudo hermanni boettgeri
r r r	Testudo hermanni hermanni
⦚⦚⦚	Testudo graeca graeca
≡≡≡≡	Testudo graeca ibera
t t t	Testudo graeca terrestris
z z z	Testudo graeca zarudnyi
a a a	Testudo graeca anamurensis
Δ Δ Δ	Testudo marginata
□ □ □	Agrionemys horsfieldi

Mutter (T.m. Grie-
chenland) mit Sohn
aus einem »Seiten-
sprung« mit einem
T.g.i. Mann.
Foto: Heimann

Plastron des Misch-
lings, die Bastarde
erwiesen sich als
besonders wüchsig
und robust.

MISCHLINGE BEI EUROPÄISCHEN LANDSCHILDKRÖTEN

Ende Juni 1994 legte bei mir ein sechsjähriges Breitrandschildkröten-Weibchen (Gewicht 1200 g) fünf Eier. Alle Eier waren kugelrund, wie es typisch bei Testudo marginata ist, jedoch auch erstaunlich klein, ein einzelnes Ei wog etwa nur 10 g. Bei der Kleinheit der Eier rechnete ich nicht mit Nachwuchs, zudem es sich auch noch um ein Erstgelege des Tieres handelte. Ich war deshalb sehr überrascht, daß trotzdem schon nach 60 Tagen (normal sind bei T. m. 70 Tage) aus den Eiern winzig kleine, aber gesunde Tiere schlüpften.

Sofort fielen mir die weißen, ungefleckten Bauchpanzer der Jungtiere auf. Ich hatte deshalb gleich den Verdacht auf Mischlinge. Wer aber kam als Vater in Frage? Adulte Breitrandschildkröten und Maurische Landschildkröten halte ich normalerweise getrennt in zwei verschiedenen Gehegen. Allerdings befanden sich heuer zwei fünfjährige, meiner Meinung nach noch nicht geschlechtsreife Nachzuchten von Testudo graeca, ein Männchen und ein Weibchen, im Gehege der Breitrandtiere. Das Männchen (Gewicht 500 g) kommt also als Vater in Frage.

In der folgenden Tabelle stelle ich sechs Merkmale fest, in denen sich die Mischlinge von gleich alten Nachzuchten der Testudo marginata bzw. Testudo graeca unterscheiden.

	Breitrandschild-kröte Nachzucht Testudo marginata	Maurische Landschildkröte Nachzucht Testudo graeca	Mischling Nachzucht Testudo marginata x Testudo graeca
WIRBEL- UND RIPPENSCHILDER	schwarze Ränderung der gelblichen Schilder	schwarzer Punkt inmitten der Schilder	dunkler Punkt inmitten der bräunl. Schilder
BAUCHPANZER	paarige Dreiecke auf hellem Grund	großer, dunkler, symmetr. Fleck auf hellem Grund	völlig weiß
PANZERFORM	langgestreckt	oval bis rechteckig	langgestreckt
HORNKEGEL AUF DEM HINTER-SCHENKEL	fehlt	vorhanden	vorhanden
SCHUPPEN AUF DEN VORDER-ARMEN	einfarbig hell	bräunlich oder gefleckt	einfarbig hellbraun
SCHWANZ	oberseits eine deutliche, schwarze, längliche Markier.	keine Markierung	oberseits eine graufarbene längl. Markier.

T.m.w. Griechenland, adulte Tiere besitzen gelbe Areolen auf den dunklen Schildern.

Heute nach drei Monaten wiegen die Mischlinge bereits 25 g. Nach bisherigen Erfahrungen entwickeln sie sich in den ersten Jahren genausogut wie ihre reinrassigen Geschwister. Ob auch auf lange Zeit ist noch nicht gesichert, da langjährige Beobachtungen noch wenig zur Verfügung stehen. Interessant wird sein, welches Aussehen sie als adulte Tiere besitzen, welches Geschlecht sich bildet und ob die Mischlinge selbst wieder fruchtbar sind.

Während man in früheren Zeiten Tierarten recht unbekümmert und häufig auch absichtlich miteinander kreuzte, gilt heute bei der Zucht von seltenen Wildtieren das Prinzip, Bastarde nach Möglichkeit zu vermeiden.
Folgende Gründe sprechen gegen eine Vermischung:
1. Gerade bei vom Aussterben bedrohte Lebewesen bedeutet die Zucht von reinrassigen Tieren einen Beitrag zur Erhaltung des Bestandes, eventuell können später dann Jungtiere wieder in die ursprünglichen Biotope ausgesiedelt werden und so den Bestand sichern oder neu gründen.
2. Bastarde erreichen meistens im Aussehen die Schönheit der Elterntiere nicht. Farbe und Zeichnung sind weniger deutlich als bei den artenreinen Vorfahren. Mit Recht werden Mischlinge in ihrem Liebhaberwert geringer gesetzt und finden nicht so leicht einen neuen Halter. Eine Rückführung in die Natur ist nicht möglich. Diese Nachfahren sind für immer für die Population verloren.

Gibt es auch Gründe, die für die Mischlinge sprechen? Einmal ist es die Neugierde, man kann es auch den Forscherdrang nennen. Was geschieht, wenn? Verwandtschaftsverhältnisse lassen sich abklären. Wie nahe stehen sich Arten und Gattungen? »Mendeln« Bastarde in der F_2-Generation nach den Erbgesetzen wieder aus?

Für den Halter von europäischen Landschildkröten empfiehlt es sich, Testudo marginata und Testudo graeca getrennt zu halten. Hingegen dürfen Testudo hermanni und Agrionemys horsfieldi mit ihnen vergesellschaft werden. Es gibt bislang nur einen einzigen glaubhaften Fall von Bastardnachzucht zwischen der Griech. Landschildkröte und der Vierzehenschildkröte.

Zu fragen ist noch, gelten die strengen Artenschutzbestimmungen auch für die Mischlinge, also auch für Tiere, die es in freier Wildbahn gar nicht gibt. Tut sich hier nicht gar ein rechtsfreier Raum auf? Dem ist aber nicht so. Die zuständigen Behörden registrieren die Mischlinge als Testudo-Abkömmlinge in gleicher Weise und machen keine Unterschiede.
Anmerkung: Inzwischen sind die Mischlinge 1 1/2 Jahre alt und wiegen zwischen 200 und 350 g. Sie sind gesund und vital. Der Rückenpanzer schaut mittlerweile in Farbe und Zeichnung so aus wie der von gleichalten Breitrandtieren, hingegen ist der Bauchpanzer nach wie vor rein weiß.

Neben den Artenmischlingen gibt es natürlich in noch größerer Zahl Unterartenmischlinge, z.B. solche aus der Ost- und Westrasse der Griechischen Landschildkröte. Recht viele sieht man in Südfrankreich und Italien, sie sind Produkt der gemeinsamen Haltung von einheimischen und importierten Tieren. Das Schildkrötendorf von Gonfaron in Südfrankreich ist nicht zuletzt eine Auffangstation von Tieren aus Privathand. Unter diesen Schildkröten sind auch manche Mischlinge. Sie können nicht in die Biotope des Maurengebirges zurückgebracht werden und bleiben dem Schildkrötendorf als Zootiere erhalten. (Beim Nachzüchten würde man sicher feststellen, in der 2. Generation »mendeln« Mischlinge wieder aus: 1/4 Ostrasse, 1/2 Mischlinge und 1/4 Westrasse)

Bei der Vielzahl an Unterarten und Varietäten, die von Landschaft zu Landschaft wechseln ist das Problem der Vermischung bei der Maurischen Landschildkröte noch größer. Nicht selten leben sogar in einem Biotop Tiere mit unterschiedlichem Aussehen nebeneinander (Türkei). Bei Nachzuchten wird dann die große genetische Vielfalt und Mischung deutlich, wenn aus einem Gelege Geschwistertiere mit ganz unterschiedlichem Erscheinungsbild zur Welt kommen.

114

POUR QUE VIVENT LES TORTUES

Jeder, der Schildkröten nachzüchtet, kann einen kleinen Beitrag zur Erhaltung dieser Tier-
welt leisten und verhindern, daß Tiere der Natur entnommen werden.
Man kann jedoch auch in den heimatlichen Biotopen etwas für die Panzerträger tun. Deshalb wurden in den Mittelmeerländern sogenannte »Schildkrötendörfer« errichtet. In ihnen
werden ebenfalls Tiere nachgezüchtet und dann wieder in die freie Wildbahn entlassen.
Adressen: Village des Tortues, BP 24, 83590 Gonfaron, France, Tel. 94 78 26 41
          Carapax Centre, C.P. 34, 58024, Massa Marittima, Italia, Tel. 05 66/91 54 53

Foto: Porlier
Zweiter von rechts: B. Devaux

T.g.i. NZ und T.m. NZ im Vergleich, T.g.i. rechts oben und links unten

1 Inhaber		
Name und Anschrift des Inhabers	**CITES BESCHEINIGUNG**	
	2 Nummer *119/91*	**ORIGINAL**
	3 AUSSTELLENDE BEHÖRDE *Landratsamt Oberallgäu in 8972 Sonthofen*	

	4 Vollständige Beschreibung der Waren (Geschlecht, Alter, Kennzeichen, usw.)	5 Ursprungsland und Genehmigungsnr.	6 Eigengewicht (kg)	7 Menge
A	*Testudo hermanni Nachzucht, geb. 1.9.1991 Geschlecht nicht erkennbar*	*BRD*	*0,010*	*1*
		8 Datum des Erwerbs	9 Anhang Nr.	10 Herkunft (*)
			II C₁	*C*
	11 Wissenschaftliche Bezeichnung *Testudo hermanni*	12 Übliche Bezeichnung *Griechische Landschildkröte*		

	4 Vollständige Beschreibung der Waren (Geschlecht, Alter, Kennzeichen, usw.)	5 Ursprungsland und Genehmigungsnr.	6 Eigengewicht (kg)	7 Menge
B				
		8 Datum des Erwerbs	9 Anhang Nr.	10 Herkunft (*)
	11 Wissenschaftliche Bezeichnung	12 Übliche Bezeichnung		

	4 Vollständige Beschreibung der Waren (Geschlecht, Alter, Kennzeichen, usw.)	5 Ursprungsland und Genehmigungsnr.	6 Eigengewicht (kg)	7 Menge
C				
		8 Datum des Erwerbs	9 Anhang Nr.	10 Herkunft (*)
	11 Wissenschaftliche Bezeichnung	12 Übliche Bezeichnung		

	4 Vollständige Beschreibung der Waren (Geschlecht, Alter, Kennzeichen, usw.)	5 Ursprungsland und Genehmigungsnr.	6 Eigengewicht (kg)	7 Menge
D				
		8 Datum des Erwerbs	9 Anhang Nr.	10 Herkunft (*)
	11 Wissenschaftliche Bezeichnung	12 Übliche Bezeichnung		

13 HIERMIT WIRD BESCHEINIGT, DASS DIE VORGENANNTEN EXEMPLARE

☐ vor Inkrafttreten der Verordnung (EWG) Nr. 3626/82, aber gemäß den Bestimmungen des Übereinkommens in den Geltungsbereich der genannten Verordnung verbracht wurden.

☐ gemäß der Verordnung (EWG) Nr. 3626/82 in die Gemeinschaft verbracht wurden.

☐ erworben wurden, ehe das Übereinkommen darauf in _____ (Mitgliedstaat) anwendbar war.

☒ in Gefangenschaft geboren und aufgezogen wurden oder Teile solcher Tiere sind oder daraus erzeugt wurden.

☐ künstlich vermehrt wurden oder Teile solcher Pflanzen sind oder daraus erzeugt wurden.

☐ aufgrund des geltenden Rechts der Natur entnommen wurden.

☐ mit Zustimmung der zuständigen Behörden der Natur entnommen wurden.

Sonthofen, den 16.10.1991

(Ort und Datum)

I.A. Fröhle, RAR

(Unterschrift)

(Dienststempel)

(*) Siehe Rückseite.

WILHELM KÖHLER VERLAG Bestell-Nr. 262

4950 Minden 1, Postfach 1130, ☎ 05 71/2 80 31, Tx. 9 7 812, FAX 05 71/2 80 21
6000 Frankfurt 1, Telemannstr. 13, ☎ 0 69/72 32 71 + 72 21 78, Tx. 412 659, FAX 0 69/72 72 96
2000 Hamburg 1, Schauenburgerstr. 6, ☎ 0 40/32 42 55 + 32 42 56, Tx. 2 161 542, FAX 0 40/33 77 23
5300 Bonn 1, Kaiserstr. 15, ☎ 02 28/22 40 50, FAX 02 28/26

CITES Bescheinigung

Eine totalalbinotische Landschildkröte (T.h.b.) aus der Umgebung von Sarajewo.
Kopf, Beine, Panzer und alle Weichteile weisen keine Spur eines dunklen Pigmentes auf, sondern zeigen nur das helle Olivbraun der Hornbekleidung. Am verblüffendsten aber wirkt das leuchtende Rubinrot des Auges; es beweist, daß es sich tatsächlich um einen Total-Albino handelt. In der Pflege der albinotischen Schildkröte ergeben sich keine Besonderheiten. Das Tier frißt normal, meidet aber offensichtlich helles Licht und liegt oft in seiner Schlupf-höhle unter Zierkork. Daher habe ich auf eine allzu intensive Beleuchtung des Terrariums verzichtet und verwende als Lichtquelle eine Kohlenfadenlampe.
Foto: Arend van den Nieuwenhuizen
Text: Dr. Heinz Wermuth

DAS SCHILDKRÖTENGEHEGE, EIN »BIOTOP« NICHT NUR FÜR SCHILDKRÖTEN

Gebaut wird das Freilandterrarium für Schildkröten. Tatsächlich stellen sich dann aber auf Dauer auch andere Gäste ein.

Unsere Hauskatzen bedeuten nach meinen Erfahrungen keine Gefahr für die Landschildkröten. Sie nähern sich zwar neugierig, setzen sich auf die Mauern und betrachten interessiert und ausdauernd die Tiere. Doch die langsame Bewegungsart löst bei ihnen keinen Beutetrieb aus. Sie beobachten aus der Distanz und berühren auch mit den Pfoten die Tiere nicht. Dennoch können Katzen lästig sein, wenn sie das lockere Erdreich (vor allem den Eiablagehügel) für die Kotablage benützen.

Problematischer sind Hunde. Für gewöhnlich verstehen gut gezogene Hunde Befehle und respektieren Anordnungen. Solange der Herr da ist, geschieht meistens nichts. Schlimmer sind zu lange Zeit alleingelassene oder streunende Tiere. Hunde können dann Schildkröten als Spielobjekt oder als Futterquelle betrachten. Erwachsene Tiere überstehen Beiß- und Nageversuche mit meist wenig Schäden, nicht jedoch Jungschildkröten. So hatte ich Gelegenheit zwei 1-jährige Schildkröten zu begutachten, die von einem Hund überfallen worden waren. Während das eine Tier noch am selben Tag verstarb, konnte das andere Tier von einem Tierarzt wieder zusammengenäht und geflickt werden und überlebte.

In den meisten Wohngegenden gibt es auch Marder. Da sie sehr heimliche Nachttiere sind, läßt sich ihre Anwesenheit für gewöhnlich nur durch Kotballen feststellen. Für sie gilt dasselbe wie für Katzen. Sie betrachten Schildkröten meist nicht als Futterquelle. Jedoch sind Marder sehr verspielt. So fand ich an einem Morgen 4 Testudo-Nachzuchten (zu je 80 g) auf der Maueroberseite unversehrt aber rücklings liegen. Exakte Beweise habe ich natürlich keine, aber am ehesten würde ich diesen Vorgang Mardern zutrauen, zudem ich in der Nähe wieder den typischen Marderkot fand. Auf jeden Fall zog ich daraus den Schluß Tiere unter 150 g nicht mehr nachts im Freiland zu belassen.

Freilandterrarien sind passende Biotope für Ameisen. Die Vielheit an Oberflächenformen, wie Sand, Steine, Gras, Mauern und Futterreste sind ideal für diese Gliederfüßler. Dabei ist auch die Macchia, die natürliche Heimat der Schildkröten, sehr ameisenreich, so daß man einen gewissen Bestand durchaus dulden kann. Werden die Nester aber zu groß, muß man sie doch bekämpfen. Am besten geschieht dies durch heißes Wasser.

Sehr häufig im Gehege versteckt unter Steinen und Brettern sind Asseln. Sie sind sicher harmlos. Ihr Nutzen als Futterresteverzehrer ist bestimmt größer als ihre Lästigkeit.

Für Freilandanlagen mit Reptilien sind bekanntlich Krähen und Raben eine starke Gefahr. Sogar Amseln zeigen sich als tüchtige Plünderer. Verluste sind aber wieder nur bei kleinen Schildkröten zu befürchten. Meine Gehege werden regelmäßig von Spatzen und Amseln besucht. Sie sind aber eher gern gesehene Gäste, da sie Futterreste verzehren.

Weniger beliebt sind Mäuse, da bei ihnen die Gefahr besteht, daß sie sich einnisten. Zu einer richtigen Gefährdung kommt es aber erst dann, wenn sie in der kalten Jahreszeit winterschlafende Schildkröten im Freiland entdecken. Deshalb sind Mäuse und Ratten ein Hauptargument gegen eine Freilandüberwinterung.

Soviel von Tieren, die sich meist als ungebetene Gäste einstellen. Es gibt jedoch Halter, die zeitweise Kaninchen oder Meerschweinchen in das Gehege setzen. Die Kleinsäuger fressen Futterreste und halten außerdem das Gras kurz. Meerschweinchen eignen sich besser als Kaninchen, da für sie die doch meist niedrige Umzäunung ausreichend ist.

KRANKHEITEN

Gesunde Schildkröten erkennt man an folgenden 8 Merkmalen:
1. Der PANZER soll hart und unnachgiebig sein. Nur bei Jugendtieren im 1. Jahr darf er noch etwas elastisch sein. Zu flache Rückenpanzer und Höckerungen weisen auf eine Mangelernährung in der Jugendzeit hin.
2. Gutes WACHSTUM äußert sich durch weiße Wachstumsstreifen zwischen den Hornschildern.
3. Die AUGEN sollen klar, glänzend und nicht eingefallen sein.
4. Die NASENÖFFNUNGEN sind sichtbar, nicht verstopft, trocken und frei von Belägen. Die Atmung ist geräuschlos.
5. Die HAUT soll frei von Wunden, Geschwüren, Zecken und Milben sein.
6. Beim LAUFEN darf der Panzer weder seitlich noch hinten am Boden schleifen.
7. Der KOT soll grünlich bräunlich, kompakt und fest sein, auf keinen Fall schmierig und wässrig. Die Kloake darf nicht entzündet und geschwollen sein.

T. marginata, w., Sardinien, Jungtier, 9 Jahre, 1600 g.

8. Die KONDITION läßt sich prüfen, wenn man ein Tier mit seinen Vorderfüßen zwischen dem gespreizten Daumen und Zeigefinger einer Hand
hängt. Kräftige Tiere können sich so längere Zeit halten.
In die Rückenlage gebracht, sollen sie heftige und ausdauernde Versuche
machen, um wieder in die Bauchlage zu kommen.

Folgende Abhandlung kann und soll den Gang zum Kleintierarzt nicht er-
setzen. Ich habe auch verzichtet, Dosierungsanweisungen für die Medika-
mente zu geben, jedoch sollen die Hinweise dem Leser einen kleinen Ein-
blick in die große Zahl von Krankheiten geben, bei der Diagnose helfen und
informieren über mögliche Therapien.

I) VIREN: Besonders Maurische Landschildkröten und Breitrandschildkröten
werden von einer Virusart befallen. Sie führt zu einem wässrigen Nasenaus-
fluß. Zeitweise verschwinden die Symptome, um sich aber doch immer wieder von neuem einzustellen. Dabei machen die Tiere oft einen gesunden
Eindruck, fressen, wachsen und pflanzen sich sogar fort. Ursache ist vermutlich ein grippeähnlicher Virus, deshalb gibt es bislang auch noch keine
erfolgreiche Therapie. Antibiotikas sind eigentlich wirkungslos, können jedoch Bakterien, die sich als Folge der Virusinfektion auch in die Atemwege
einnisten, bekämpfen und so die Symptome lindern.

II) SALMONELLOSE: Viele Schildkröten sind von Salmonellen befallen. Meistens leiden die Tiere selbst wenig an dieser Krankheit, sind jedoch Dauer-
ausscheider, nur in wenigen Fällen kommt es zu Durchfall und fortschreiten-
der Abmagerung. Die Behandlung erfolgt mit Antibiotikas und Sulfonamiden.
Es muß aber vor allem auf das Infektionsrisiko hingewiesen werden, deshalb
gilt als vorbeugende Maßnahme, daß der Tierhalter nach dem Kontakt mit
den Tieren die Hände gründlich wäscht.

III) HEXAMITOSE: »Hexamita parva« ist eine achtgeißelige Flagellatenart.
Darm, Blase und Niere können von ihr befallen werden. Die Tiere zeigen
chronischen Durchfall und schleimigen Kot. Die Kloake ist geschwollen und
entzündet. Manche Tiere erholen sich von selbst wieder, bleiben aber Dau-
erausscheider und stecken oft einen ganzen Bestand an. Der Parasit muß
deshalb unbedingt bekämpft werden. Für eine Therapie hat sich das Medikament »Resochin« bewährt.

IV) TREMATODEN: Die Saugwürmer leben im Darm, wo sie relativ harmlos
sind. Einige Arten besiedeln jedoch auch andere   Organe wie Gallenblase,
Leber und Nieren, auch sie werden mit »Resochin« bekämpft.

Anomalie der Wirbelschilder bei einer T.m. NZ Griechenland.

Erstaunlicherweise besaß das T.g.g. Tier einen Hornnagel am Schwanz, Foto: Christmann

V) CESTODEN: Bandwürmer treten bei Schildkröten selten auf und stellen an sich kein Problem dar. Nur bei massenhaftem Befall von geschwächten Tieren wird eine stärkere Schädigung sichtbar. (Medikament: Praziquantel)

VI) NEMATODEN: Nach neueren Untersuchungen sind ein Großteil der Schildkröten in Gefangenschaft von Spulwürmern befallen. Allerdings ertragen gesunde Schildkröten diese Parasiten meist ohne Krankeitszeichen, ein Durchfall zeigt sich meist nur gelegentlich. Behandelt wird mit gängigen Entwurmungsmitteln.

VII) HAUTMYIASIS: Voraussetzung für den Befall sind kleine Verletzungen. Fleischfliegen (Sarcophaga sp.) legen darin Eier ab, die daraus ausschlüpfenden Larven ernähren sich vom Gewebe und erzeugen tiefgehende Wunden. Eine Heilung ist möglich durch manuelles Absammeln der Maden und antiseptischen Bädern.

VIII) PAPAGEIENSCHNABEL: Bei Schildkröten mit zu wenig Freilandaufenthalt tritt der sog. Papageienschnabel auf, d.h., daß die vorderen Hornschneiden des Oberkiefers durch mangelnde Abnützung überstehen. Mit einer Nagelfeile oder mit einem Nagelzwicker lassen sich die Hornscheiden leicht kürzen.

IX) LEGENOT: Werden die Tiere nicht artgemäß gehalten, legen sie die Eier oft nicht rechtzeitig ab. Oft ist dann das Wetter zu kalt oder der Allgemeinzustand der Tiere ist zu schwach, so daß sie die überfälligen Eier monatelang mit sich herumtragen. Die Eier lassen sich durch eine Röntgenaufnahme oder durch Ertasten nachweisen. Bei letzterem hält man die Schildkröten mit dem Kopf nach oben und fühlt mit Daumen und Zeigefinger in den Gruben zwischen Hinterbeinen und Bauchpanzer. Die Eier lassen sich dann als feste Gebilde ertasten.
Um die Eiablage zu erzwingen, werden die Tiere auf ihre Vorzugstemperatur gebracht und das Wehenmittel Oxytocin gespritzt.
Nach etwa 30 Min. werden die Eier ausgepreßt. Mißlingt dieser Versuch, so können die Eier auch notfalls chirurgisch entfernt werden.

X) RACHITIS: Sie entsteht durch eine Mangelernährung in der Jugendzeit. Im sich neubildenden Knochengewebe findet nur eine mangelhafte Mineralisation statt. Dabei sind am Carapax die Veränderungen ausgeprägter als am Plastron. Das Knochengewebe wird besonders an den Rändern des Schildes abgebaut und durch Bindegewebe ersetzt. Dies führt häufig zu einer Furche zwischen den Rippen- und den Randschildern. Die Bildung von Höckern durch Hochwölben der Hornplatten ist mit eine Folge.

T.h.h., T.h.b., A.h. und T.m. NZ in ihrem Behälter, der Bodengrund besteht aus einem Gemisch aus Rindenhumus und Quarzsand.

Bei gutem Wetter sollen die Nachzuchten täglich auf der Wiese weiden.

XI) VITAMINMANGEL: Ein Vitamin-C-Mangel kommt in der Regel nicht vor, da Schildkröten das Vitamin-C selbst im Dickdarm durch Bakteriensynthese herstellen. Häufiger ist ein Vitamin-A-Defizit. Es führt zu Freßunlust, Stoffwechselkrankheiten und Störungen in den Organen. Fehlendes Vitamin-D ist mit eine Ursache für Rachitis. Es empfiehlt sich vorbeugende Fütterung mit einem Vitamin-Mineral-Gemisch.

Anhang: Grundsätzlich sollen adulte Schildkröten vegetarisch ernährt werden. Sie bleiben am ehesten gesund, wenn sie mit faser- und ballastreichen Pflanzen gefüttert werden. Eine karge Ernährung ist naturgemäßer als eine üppige. Deshalb soll die Nahrung auch kohlehydratarm sein. Bananen, Reis, Kartoffeln, Brot oder Nudeln sind nicht naturgemäß und machen den Verdauungstrakt anfällig für Parasiten. Die verhängisvollen Folgen einer jahrelangen Fehlernährung zeigen sich bei der Obduktion an einer krankhaft vergrößerten Leber.

Eine Ausnahme bilden Babyschildkröten. Bei dem starken Wachstum brauchen sie hin und wieder eine Zusatzfütterung, die reich an Proteinen und Mineralien ist.

Von Natur aus sind Schildkröten einzeln lebende Tiere, nur zu Paarungszeiten findet ein Kontakt statt. In ihren natürlichen Biotopen ist so eine Ansteckungsgefahr recht gering. Ganz anders ist die Haltung in Gefangenschaft. Oft werden zu viele Tiere auf zu kleinem Raum gehalten. Die Erfahrung zeigt, daß sehr alt gewordene Schildkröten meist allein gehalten werden. Jede neue Schildkröte, die in einem Bestand aufgenommen wird, muß genau überprüft werden, ob sie nicht Krankheitszeichen aufweist. Ideal ist es, wenn sie einige Zeit in Quarantäne gehalten wird.

Ein Problem ist die Futteraufnahme. Oft ist die Erde mit Kot verschmiert. Nehmen die Tiere dann die Nahrung vom Boden auf, so stecken sie sich leicht mit Krankheitserreger an und es entsteht ein ständiger Kreislauf an Infektionen, den robuste Tiere lange aushalten, aber auf Dauer doch geschädigt werden. Sauberkeit ist deshalb das erste Gebot. Kotballen müssen entfernt werden. Die Tiere sollen nicht vom Boden fressen, sondern aus Schalen. Gut eignen sich hierfür Blumentopfuntersätze aus Ton mit glasiertem Inneren. Eine gute Idee sah ich bei einer Halterin. Sie verwendete kunststoffbeschichtete Dachrinnen, die zu Futtertrögen umfunktioniert wurden und halbschräg an einer Wand angebracht waren.

MERKBLATT FÜR DIE AUFZUCHT

von Testudo hermanni, Testudo graeca, Testudo marginata und Agrionemys horsfieldi

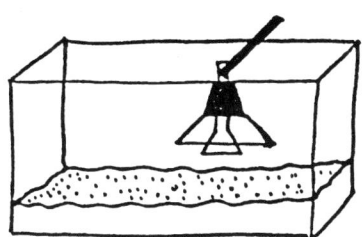

Behälter: Aquarium, Länge etwa 50 cm

Bodengrund: etwa 5 cm hohes Gemisch aus Rindenhumus und Quarzsand, leicht **feucht**. (Rindenhumus ist sehr lang gelagerter Rindenmulch und im Fachhandel kaufbar. Rindenmulch selber ist weniger geeignet, da zu säurehaltig.)

Wärmequelle: Schreibtischlampe mit Reflektorbirne, etwa im Abstand von 20 − 25 cm, nachts abschalten. (Täglich wird der Behälter für 15 Minuten auf den Fensersims oder bei gutem Wetter auf die Terrasse ins Freie gestellt, damit die Tiere auch weißes Licht erhalten − Vorsicht vor Überhitzung). Im Winter soll das Terrarium in einem geheizten Raum stehen. Um eine höhere Temperatur zu erreichen, kann der Behälter oben zu ³/₄ abgedeckt werden.

Nahrung: **Vormittags:** Nach Einschalten der Lampe am Morgen kriechen die Tiere aus dem Bodengrund, lassen sich erwärmen und beginnen zu fressen (Löwenzahn, Klee, Salat,…usw.) **Mittags:** Fütterung von **eingeweichten** Pellets. Gerne werden Wasserschildkrötenpellets und Pellets für Kaltwasserfische angenommen. **Nachmittags:** wieder vegetarisch

Bei dieser Haltung wachsen die Tiere recht schnell und der Panzer wölbt sich hoch und glatt, keine Höckerung. Nach etwa 6 Monaten werden Gewichte von 80 g bis 150 g erreicht. Meistens ruhen die Tiere eingegraben im Bodengrund. Ihr Bewegungsdrang ist gering, so daß sich relativ viele Tiere auf kleiner Fläche halten lassen. (Ständig herumwandernde Tiere weisen auf nicht artgemäße Haltung hin).

Verhältnismäßig oft soll der Bodengrund ausgewechselt werden, auf jeden Fall immer dann, wenn der Geruch es erfordert, oder wenn das Substrat zu trocken ist. Schon im 1. Sommer ist eine Freilandhaltung bei gut gewachsenen Schildkröten (150 g) empfehlenswert.

Auch ein Winterschlaf ist ratsam: Im 1. Winter aber nur 1− 2 Monate, im 2. Winter 2 − 3 Monate.

ARTENSCHUTZ UND TIERSCHUTZ

Jeder Halter muß sich beim Erwerb einer Schildkröte fragen: Bin ich wirklich bereit, dem Tier optimale Bedingungen zu geben, oder ist es nur fehlgeleitete Sammelwut und Besitzstolz.

Die Haltung von seltenen Tieren ist nur dann gerechtfertigt, wenn Nachzuchten geplant sind. Nachzuchten sind auch ein Beweis für eine artgerechte Haltung. Leider gibt es auch bei sogenannten Tierfreunden viele Negativbeispiele. Schon oft ist das Sprichwort Wahrheit geworden:

»Der Freund eines Tieres ist oft sein größter Feind«

Die Hauptbedrohung der Schildkröten findet heute aber in den Heimatländern statt. Die immer intensivere Landwirtschaft, Straßenbau und Verkehr, Siedlungstätigkeit und Touristik engen den Lebensraum ein. Es bedarf noch viel Überzeugungskraft einzusehen, daß Schildkrötenbiotope nicht nur nutzlose Ödländer, sondern schutzwürdige Landschaften sind. Ihr Verlust sind auch eine Anzeige für die abnehmende Lebensqualität der Menschen in ihrer Heimat.

Alle europäischen Landschildkröten stehen unter strengem Artenschutz.

Die vielen Nachzuchten, die jedes Jahr in Deutschland erzielt werden, sind nicht zuletzt ein Produkt der verschärften Schutzbestimmungen. Erst seitdem der massenhafte Import aus den Ursprungsländern gestoppt worden ist, lohnt sich die Nachzucht.

Abgabe, Ableben und Nachzuchten müssen von der zuständigen Artenschutzbehörde registriert werden. Eine Entnahme aus Wildbeständen ist streng verboten.

Zuwiderhandlungen werden mit Bußgeld bedroht. Die Behörden stellen auf Antrag CITES-Papiere aus. Ein CITES ist mit einem Paß vergleichbar. In ihm wird das Tier bezeichnet und die rechtmäßige Herkunft bestätigt. Unter rechtmäßiger Herkunft versteht man Tiere aus Altbeständen vor Inkrafttreten der Artenschutzgesetze sowie Nachzuchten. Nur solche Tiere dürfen abgegeben oder angenommen werden, für die eine CITES-Bescheinigung ausgestellt wurde.

LITERATURVERZEICHNIS

Basile, J. A. (1989): Faszinierende Schildkröten, Verlag Stephanie Nagel schmid, Stuttgart
Carr, A. (1978): Handbook of turtles. Cornel University Press, Ithaca, London
Devaux, B. (1988): La tortue sauvage. Edition Sang de la terre, Paris
Jocher, W. (1972): Schildkröten, Frankh'sche Verlagshandlung, Stuttgart
Klingelhöffer, W. (1959): Terrarienkunde Bd. 4, A. Kernen Verlag, Stuttgart
Müller, G. (1987): Schildkröten, Ulmer Verlag, Stuttgart
Nöllert, A. (1987): Schildkröten, Landbuch Verlag, Hannover
Obst, F. J. (1980): Schildkröten, Urania Verlag, Leipzig, Jena, Berlin
Obst, F. J. u. W. Meusel (1978): Die Landschildkröten Europas.
Die Neue Brehmbücherei, A. Ziemsen, Wittenberg-Lutherstadt
Pritchard, P. C. H. (1979): Encyclopedia of Turtles, T. H. F. Publications, Neptune, N. J.
Rudloff, H. W. (1990): Schildkröten, Urania Verlag, Leipzig, Jena, Berlin
Wermuth, H. u. R. Mertens (1961): Schildkröten, Krokodile, Brückenechsen.VEB G. Fischer, Jena